AS 10 COISAS
MAIS IMPORTANTES
para o futuro de sua FILHA

2019, Editora Fundamento Educacional Ltda.

Editor e edição de texto: Editora Fundamento
Editoração eletrônica: Lílian Ávila; Lorena R Mariotto Edição de Livros (Bella Ventura)
CTP e impressão: SVP – Sociedade Vicente Pallotti
Tradução: Capelo Traduções e Versões Ltda (Neuza Maria Simões Capelo)

Copyright de texto © Steve and Shaaron Biddulph 2017
Design original: Bobby&Co Book Design
Copyright de foto da capa © Renphoto/Getty Images.
Publicado originalmente por Thorsons em 2017.

Todos os direitos reservados. Nenhuma parte deste livro pode ser arquivada, reproduzida ou transmitida de qualquer forma ou por qualquer meio, seja eletrônico ou mecânico, incluindo fotocópia e gravação de backup, sem permissão escrita do proprietário dos direitos.

Dados Internacionais de Catalogação na Publicação (CIP)
(Maria Isabel Schiavon Kinasz)

Biddulph, Steve.
B584   As 10 coisas mais importantes para o futuro de sua filha / Steve Biddulph [versão brasileira da editora] – 1ª. ed – São Paulo, SP : Editora Fundamento Educacional Ltda., 2018.

Título original: 10 Things girls need most to grow up strong and free

1. Meninas. 2. Educação de crianças. 3. Mães e filhas. I. Título

CDD 649.133 (22. ed)
CDU 392.313

Índices para catálogo sistemático:
1. Meninas.
2. Educação de crianças.
3. Mães e filhas.

Fundação Biblioteca Nacional

Depósito legal na Biblioteca Nacional, conforme Decreto nº 1.825, de dezembro de 1907.
Todos os direitos reservados no Brasil por Editora Fundamento Educacional Ltda.

Impresso no Brasil

Telefone: (41) 3015 9700
E-mail: info@editorafundamento.com.br
Site: www.editorafundamento.com.br

Este livro foi impresso em papel pólen soft 80 g/m² e a capa em papel-cartão 250 g/m².

As **10** COISAS
MAIS IMPORTANTES
para o futuro de sua FILHA

STEVE BIDDULPH

Editora Fundamento

Conteúdo

Carta de Steve — 7
Prefácio — 10
A jornada da sua filha — 14

AS 10 COISAS MAIS IMPORTANTES PARA O FUTURO DE SUA FILHA

1. Um começo seguro e amoroso — 27
2. Oportunidade de ser livre e tempo para ser criança — 45
3. Fazer amigos — 73
4. O amor e o respeito do pai — 95
5. A centelha — 123
6. As tias — 141
7. Sexualidade feliz — 165
8. Força interior — 189
9. Feminismo — 207
10. Espírito — 217

Créditos de imagens — 236

Agradecimentos — 237

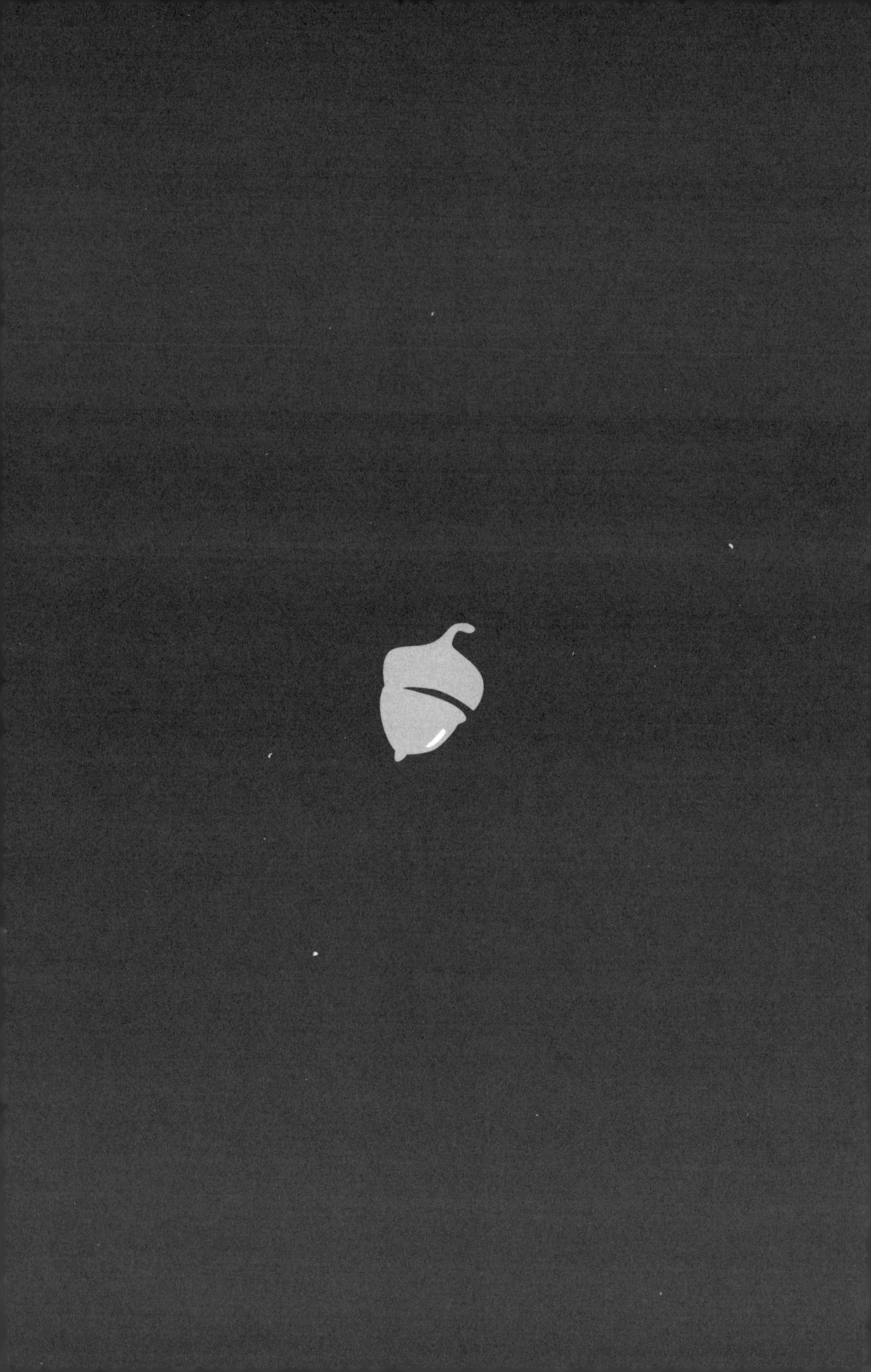

Carta de Steve

Caro Leitor,

Trabalhei com grupos de pais durante quarenta anos, e foi tão prazeroso e tocante que resolvi reunir os relatos das experiências e compartilhar com o mundo inteiro. O que você tem nas mãos é o resultado desse trabalho, que pode ser lido de ponta a ponta, como um livro comum, ou em poucas páginas de cada vez, aproveitando as oportunidades descomplicadas de interação: autoavaliações ou apreciações de ideias. As respostas instantâneas permitem que tais ideias sejam analisadas e aplicadas, se for o caso, especialmente à sua vida e à sua filha.

De acordo com nossas pesquisas, os pais gostaram das conclusões a que chegaram com base nessas interações. Afirmaram perceber mais claramente situações e sentimentos até então abafados ou perdidos. Assim, chegaram mais perto de se tornar o pai e a mãe de que as filhas precisam.

Leia este livro tendo à mão um lápis ou caneta. Quando crianças, muitos de nós fomos repreendidos por escrever nos livros escolares. Espero que você tenha superado isso! Os questionários podem ser baixados em www.stevebiddulph.co.uk/resources (site em inglês).

Com amor,

Steve

Você também pode usar este livro como guia em discussões com amigos. Se tomar um capítulo de cada vez, poderá criar um grupo de apoio, em que todos se ajudem e cuidem da educação das meninas.
É assim que elas devem ser criadas – pelo grupo.

Prefácio

A BATALHA PELA LIBERAÇÃO DAS GAROTAS

Você se lembra do momento, não? A sua filha nos braços pela primeira vez. Os olhinhos muito abertos voltados para os seus. Vontade de proteger, orgulho, felicidade. Uma filha!

Nos últimos cem anos, as coisas melhoraram para as garotas. Pessoas lutaram bravamente para que nossas filhas tenham mais igualdade e oportunidades. Para que não sejam forçadas a se enquadrar nas restrições impostas a meninas e mulheres. No entanto, há cerca de dez anos – é difícil dizer exatamente quando – isso começou a mudar. Garotas, que viviam a alegria de um século de feminismo, sentiram a diferença.

Todo mundo notou; não somente psicólogos e terapeutas, mas os próprios pais. Chegavam a dizer: "Os 14 são os novos 18" ou "Elas crescem depressa demais." Muitas vezes apenas exclamavam: "Garotas!"

Enquanto escrevo este livro, o Ministério da Educação britânico relata que uma em cada três adolescentes no Reino Unido sofre de depressão ou ansiedade, o que tem sido considerado uma tendência importante. O Serviço Nacional de Saúde (NHS – National Health Service) segue a mesma linha, ao afirmar que 20% das garotas praticam a automutilação, o que representa o triplo dos números de dez anos atrás. Além disso, 13% das garotas apresentam sintomas de estresse pós-traumático, associado a sofrimentos sérios. Casos de distúrbios alimentares, insatisfação com o corpo e sexo sem consentimento vêm aumentando. Obviamente isso não acontece com todas as garotas, mas a incidência é muito preocupante.

As causas desses problemas já aparecem na infância: a explosão da mídia social e os longos períodos diante das telas; a vida estressante e competitiva; a redução do tempo de convivência com pessoas mais experientes e maduras, bem como a falta de contato com a natureza, de maneira prazerosa, relaxada e sonhadora, o que é extremamente favorável ao desenvolvimento dos cérebros jovens.

Pelo que sabemos, o que ajuda uma garota a crescer forte e livre certamente não é o que lhe dizem a televisão, a internet, as revistas ou os cartazes. O assunto não cai na prova, nos primeiros anos de estudo. E também não tem relação com o modo de vestir, com a popularidade entre os rapazes ou com a adequação a rígidos modelos de sucesso corporativo. A menos que ela deseje isso.

Assim, partem daqui – da linha de frente do trabalho com meninas e seus pais – os dez aspectos de que elas mais precisam. Este livro se propõe a desenvolver consciência, clareza e determinação. Para isso, pretende inspirar os seus instintos paternos ou maternos, disponibilizar as melhores informações e deixar que VOCÊ escolha as atitudes a serem tomadas em relação à SUA menina, às amigas dela, às sobrinhas, netas ou alunas.

Este é um poderoso conjunto de ferramentas de libertação da sua menina, do qual você também pode usufruir durante o processo.

Este é um livro interativo, e esta é a sua primeira experiência de interatividade. Qual é a sua reação instintiva?

(Marque a opção que mais se aproxima do que você pensa.)

☐ 1. De jeito nenhum! Não quero saber. Me poupe!
☐ 2. Apesar de me dar um certo nervoso, vou ler. Amo minha filha e quero ajudá-la.
☐ 3. Já estou muito animado e mal posso esperar. Preciso começar logo!

A jornada da sua filha

A sua filha é única. No mundo inteiro não há ninguém igual a ela. Todo indivíduo possui uma razão singular para estar aqui, um objetivo na vida a ser descoberto e desenvolvido. Cabe a você uma parte importante nisso, e tudo começa com "valorizar". Com uma observação atenta e amor pelo que for observado. Com estímulo ao que é bom e trabalho no que precisa ser fortalecido.

Esta autoavaliação vai contribuir para o esclarecimento de dois aspectos. Primeiro, a garota que ela é agora; segundo, a mulher que ela vai ser – com a sua ajuda. Trata-se de um ótimo exercício. Vamos lá!

1. Tenho .... filha(s).

Se tiver duas filhas ou mais, escolha uma para se concentrar em cada exercício. Depois volte e repita o processo com as outras.

2. A idade dela é:

0 1 2 3 4 5 6 7 8 9 10 11 12 13 14 15 16 17 18 19 20 21

Mais? ....

3. O nome dela é ....
....
....

A menina que ela é hoje
Os três aspectos que mais admiro nela são:

1. ....

2. ....

3. ....

Pela minha observação, o que mais está mudando nela é:
....

O que eu mais quero dar a ela é:
....

Pela minha observação, o que ela mais me dá é:
....

A mulher que ela vai ser

Agora, com uma visão mais clara da sua menina, é hora de pensar no futuro dela.

Imagine a sua filha com 25 anos. Imagine que ela tenha se tornado a pessoa com que você sempre sonhou.

Que qualidades você espera que ela tenha? Como espera que as pessoas a vejam e sintam?

1. ....
2. ....
3. ....

Qual é a sua impressão quando você compara as "qualidades desejadas" com as que ela já possui?

....
....
....
....
....

A sua filha é única. No mundo inteiro não há ninguém igual a ela.

QUAL É A SITUAÇÃO AGORA?

Agora que você traçou a imagem da sua filha e um panorama do que pretende para ela, é hora de cuidar para que esses objetivos se concretizem. Identificar o ponto exato onde a sua menina se encontra ajuda nessa tarefa.

Nos papéis de pai e mãe, sabemos que nossa missão não se resume a alimentar, dar banho, levar à escola ou passear nos fins de semana.

Sabemos que existe um futuro. Todo dia, pouco a pouco, a sua filha se aproxima da idade adulta. Você serve de guia nessa jornada. E, como guia, precisa de um mapa.

Em meu livro *Criando meninas*, traço um mapa dos principais estágios da infância, hoje usado por milhares de pais no mundo inteiro. Basta pensar nas meninas que você conhece, e vai identificá-los.

De 0 a 2, de 2 a 5, de 5 a 10, de 10 a 14 e de 14 a 18 são estágios distintos, baseados no principal aspecto daquelas idades. Claro que essas fases às vezes se sobrepõem, e a duração varia de pessoa para pessoa, mas não muito. Os estágios apontam o que é mais importante, aquilo em que vale a pena se concentrar. Na correria da criação dos filhos, é fácil fazer confusão. Os estágios ajudam a manter o rumo.

Cada estágio traz uma lição principal ou, em outras palavras, um ponto mais importante.

0 a 2   Ela é amada e está SEGURA?

2 a 5   Ela se sente confiante e motivada a EXPLORAR e aproveitar o mundo?

5 a 10   Ela possui as habilidades necessárias para fazer AMIGOS, divertir-se e conviver bem com as pessoas em geral?

10 a 14   Quem é ela, como pessoa ÚNICA? Quais são seus valores e crenças?

14 a 18   Ela está PREPARADA e treinada de maneira objetiva para entrar na vida adulta?

Os pais aprendem na prática que os estágios existem. Por exemplo: se um amigo lhe pedir que tome conta do filho dele de 2 anos por um dia, espere horas de movimento. É provável que o dia seja divertido, mas não exatamente tranquilo. Se um adolescente de 14 anos jantar com você, espere uma combinação de embaraço e puro deleite. Os estágios são universais e atemporais. E felizmente todos estamos aptos a passar por eles.

Pesquisa da infância

Existe um modo de olhar a infância muito preciso, além de bonito. É uma espécie de pesquisa – uma jornada objetiva, um caminho ao longo do qual a garota reúne os componentes de sua condição feminina. Somos nós os principais guias, em especial nos primeiros tempos. Mais tarde, porém, estaremos na retaguarda, apenas para facilitar as coisas. A criação de filhos sempre envolve essa dupla consciência. Vivemos um dia de cada vez, mas temos em mente o panorama geral do que é realmente importante aprender e experimentar, como preparação para quando não estivermos mais aqui.

O conhecimento dos estágios é incrivelmente útil, pois traça um plano em direção à meta de criar uma mulher maravilhosa.

Vamos começar por uma pergunta simples.

Que idade a sua filha tem hoje?

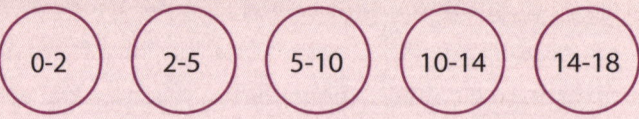

Agora, a questão importante. Tendo a sua menina vivido alguns estágios, procure atribuir pontos a cada um, conforme a sua opinião, de acordo com o quadro apresentado a seguir.

Faça isso com tranquilidade, ainda que não compreenda o significado dos estágios. Voltaremos ao assunto nos próximos capítulos. Este é apenas o ponto de partida.

A inversão da ordem dos estágios pretende dar a ideia de uma construção, que parte dos alicerces. Se a sua filha tiver menos de 2 anos de idade, você vai preencher apenas a parte de baixo. Caso ela tenha entre 2 e 5 anos, é possível completar também a segunda linha, e assim por diante, conforme a idade da menina.

Atribua a cada estágio um conceito de uma a cinco estrelas, como se estivesse avaliando um hotel.

5. Treinada para a idade adulta ☐☐☐☐☐ 14 – 18 anos

4. Encontrou o próprio eu ☐☐☐☐☐ 10 – 14 anos

3. Faz amigos ☐☐☐☐☐ 5 – 10 anos

2. Confiante para explorar ☐☐☐☐☐ 2 – 5 anos

1. Amada e segura ☐☐☐☐☐ 0 – 2 anos

Consegue perceber os hiatos?

Onde ela pode precisar da sua ajuda, para compensar os estágios realizados precariamente ou não realizados? A neuroplasticidade do cérebro humano torna perfeitamente possível viver uma experiência que não foi cumprida na primeira vez. (Os próximos capítulos vão ajudar a fazer isso.)

Complete a frase.

Acho que preciso trabalhar o estágio ....
....

E você?

E agora a pergunta mais profunda – e talvez a mais útil. Quer seja você mãe ou pai, como foi o seu período de crescimento?
Pare e pense. No caso dos pais cuja infância tenha sido desastrosa, a tarefa pode contribuir para despertar um desejo ainda mais intenso de proporcionar à filha uma vida melhor do que a deles.

Ao identificar estágios problemáticos ou aqueles em que as suas necessidades não foram bem atendidas, você ficará mais consciente das atitudes em relação à sua menina. Talvez seja esse o aspecto mais importante deste livro.

Perfil da infância da mamãe

(Ou das duas mães, caso sejam as duas do mesmo sexo.)

Como eram atendidas as suas necessidades durante a infância? Atribua um conceito de uma a cinco estrelas. Comece pelo número 1 e vá subindo.

5. 14-18 Pronta para a idade adulta ☐ ☐ ☐ ☐ ☐

4. 10-14 Segura de si ☐ ☐ ☐ ☐ ☐

3. 5-10 Sociável ☐ ☐ ☐ ☐ ☐

2. 2-5 Confiante para explorar ☐ ☐ ☐ ☐ ☐

1. 0-2 Amada e segura ☐ ☐ ☐ ☐ ☐

Esses conceitos são importantes quando a filha passa por um estágio que tenha sido difícil no crescimento da mãe, o que pode significar a necessidade de apoio extra. De todo modo, não se preocupe, pois este livro traz muito mais sobre o assunto. Você já despertou para a questão, e isso certamente vai ajudar.

Perfil da infância do papai
(Ou dos dois pais, caso sejam os dois do mesmo sexo.)

Embora existam diferenças entre meninos e meninas, conforme a idade, mantivemos os estágios, para simplificar. O guia é válido mesmo assim. Atribua de uma a cinco estrelas a cada item, de acordo com a satisfação das suas necessidades.

5. 14-18 Pronto para a idade adulta ☐☐☐☐☐
4. 10-14 Seguro de si ☐☐☐☐☐
3. 5-10 Sociável ☐☐☐☐☐
2. 2-5 Confiante para explorar ☐☐☐☐☐
1. 0-2 Amado e seguro ☐☐☐☐☐

Exercício avançado

Se você faz parte de um casal, talvez queira experimentar. Some as duas avaliações e veja como se saem, em uma contagem de 1 a 10.

Perfil combinado

5. 14-18 Prontidão para a idade adulta ☐☐☐☐☐☐☐☐☐☐
4. 10-14 Autoconfiança ☐☐☐☐☐☐☐☐☐☐
3. 5-10 Sociabilidade ☐☐☐☐☐☐☐☐☐☐
2. 2-5 Confiança para explorar ☐☐☐☐☐☐☐☐☐☐
1. 0-2 Amor e segurança ☐☐☐☐☐☐☐☐☐☐

A soma dos dois perfis pode indicar uma complementação muito conveniente. Ou não! É a combinação dos pontos fortes e fracos da família que determina o que deve ser trabalhado. Se o total de estrelas em cada estágio for de seis ou mais, você provavelmente pode relaxar. No entanto, se alguns estágios lhe parecerem fracos, a leitura deste livro vai ajudar.

Nossa família precisa focar mais no .... estágio.

Ânimo! É mais fácil superar os pontos fracos quando se sabe quais são eles. Na vida familiar, os maiores problemas são causados pelo que não sabemos acerca de nós mesmos – os buracos negros que todo mundo carrega. Quem enxerga claramente possui mais poder para fazer mudanças. Com o autoconhecimento, você está em condições de suprir as necessidades da sua filha, ainda que não tenha vivido isso.

> " Quando respondi às perguntas, fiquei horrorizada ao descobrir que a infância da minha filha foi a repetição da minha. Muitas mudanças. Homens pouco confiáveis na vida. Solidão e isolamento na escola. O resultado me fez pensar: 'Com ela tem de ser diferente.' Brigamos o tempo todo. Estou determinada a tornar a nossa vida mais positiva, calma e estável. Quero que a vida dela seja melhor que a minha.
>
> *Lorna, 42*

> " O estresse era constante. Apesar de financeiramente seguros, vivíamos em constante correria. Quando criança, na família de imigrantes pobres, via meus pais sempre ocupados. Aqui e agora, porém, não há necessidade disso. As perguntas me fizeram perceber que tínhamos trabalho a fazer, caso quiséssemos uma vida mais feliz e focada no momento presente. A minha infância confusa não precisava se repetir.
>
> *Damien, 31*

Agora que sabemos exatamente a situação da sua filha, chegou o momento de começar a parte principal deste livro. *"As 10 coisas mais importantes para o futuro de sua filha"*.

AS **10** COISAS
MAIS IMPORTANTES
para o futuro de sua FILHA

Capítulo Um

Um começo seguro e amoroso

> "Tudo começa nos seus braços. Ela precisa saber que é amada e está segura. E, para proporcionar isso, nós precisamos estar no lugar certo."

Este capítulo trata do aspecto mais importante da infância, ou seja, ajudar a sua menina a desenvolver um profundo sentimento de segurança e importância. Todo ser humano vivo precisa disso, pois é o meio de sentir-se à vontade no mundo, aproximar-se dos outros e relaxar. Os primeiros anos de vida são a melhor época para desenvolver tal condição. Porém, nunca é tarde para começar.

Quando a criança é pequena, papai e mamãe representam o mundo. Suas emoções são emoções, simplesmente. O bebê não sabe – nem se importa – se vive em um barraco ou palácio, desde que as pessoas que cuidam dele sejam tranquilas e delicadas. Se conseguirmos administrar isso, pelo menos por boa parte do tempo, essa memória permanecerá com a criança muito depois de irmos embora. Em tempos difíceis, é lá que ela vai buscar e encontrar apoio. Claro que a tarefa pode soar difícil para nós, adultos, acostumados a um mundo acelerado e estressante. No entanto, quando chega um bebê, as prioridades mudam. O que temos de mais importante a oferecer é muito simples: calma.

Imagine ser um bebezinho abraçado por alguém muito afetuoso e gentil. Procure perceber isso fisicamente e aproveitar o momento. Imagine sentir-se o centro do amor e dos cuidados dessa pessoa. Ter a certeza de receber um tratamento eficiente e carinhoso. De não haver necessidade de temer ou provar nada. A pessoa ama você, e vai lhe dar tudo que for necessário. Segurança total. Imagine isso e observe o que acontece no seu corpo. Qual é a sensação?

ESSAS SÃO AS PRIMEIRAS SENSAÇÕES QUE DESEJAMOS PARA AS NOSSAS CRIANÇAS

Esse tipo de experiência só pode vir de você e de todas as pessoas que amam a sua menina e demonstram isso. E não importa se ela tem 10 ou 17 anos; dá para consertar. Ao ler este livro, você vai descobrir como.

COMO GARANTIR QUE ELA ESTEJA SEGURA

"Sou amada? Estou segura?" Essas perguntas estão no centro de cada choradeira dela, de cada olhar que ela dispara à procura do seu sorriso, de cada investida, engatinhando ou em passos ainda incertos, antes de voltar correndo aos seus braços.

Trata-se de uma questão séria que depende do nível de segurança da própria mãe, do pai ou de quem cuide dela. Dando apoio. Sem pressões externas. Depende do afeto do companheiro(a), parentes, vizinhos e amigos. Depende de suas memórias de segurança e carinho, nos primeiros anos ou um pouco mais tarde.

Os bebês precisam ser amados por uma razão prática: esse amor garante que sejam cuidados, alimentados, acarinhados, mantidos limpos e seguros; que alguém vai cantar para eles, conversar e brincar. Isso exige tempo. Muito. Requer a presença de um adulto suficientemente maduro para colocar as necessidades daquele pequeno ser à frente das próprias necessidades. O amor não é apenas sentimentalismo. É chama, é fonte de força. Por isso deve ser alimentado.

> Assim, aqui está uma pesquisa da sua situação durante os primeiros anos de vida da sua filha. Atribua a cada item um conceito de uma a cinco estrelas, em que "5" corresponde a MUITO, e "1" corresponde a PRATICAMENTE NUNCA. Pense bem e não tenha pressa.
>
> Antes que a sua filha completasse dois anos...
> 1. A sua vida era tranquila? ☐☐☐☐☐
> 2. Você recebia apoio do(a) parceiro(a)? ☐☐☐☐☐
> 3. Você se sentia materialmente segura (casa, dinheiro, atendimento médico)? ☐☐☐☐☐
> 4. Você recebia apoio de parentes, vizinhos ou amigos? ☐☐☐☐☐
> 5. Você cumpria as tarefas com calma e firmeza ou era naturalmente nervosa, agitada ou ansiosa? ☐☐☐☐☐

> Faça um círculo em torno da melhor resposta:
>
> Muito nervosa 1 2 3 4 5 Tão calma, que quase dormia.
>
> A soma dessa última resposta com as anteriores corresponde ao panorama geral. **Meu total** ....
>
> Um resultado inferior a 10 indica um período estressante. Por volta de 15 é um resultado dentro da média. E acima de 20 é milagre!

Para muitos leitores, a contagem de pontos do quadro anterior representa um verdadeiro golpe. No mundo moderno, a criação de filhos tem sido uma tarefa terrivelmente estressante e solitária. Embora seguros materialmente, no aspecto emocional ficamos muito longe disso. Ou ao contrário. Ou nenhum dos dois.

Porém existe outra opção. É possível o questionário chegar a uma resposta completamente estranha. Acontece, às vezes. Você pode ter sofrido negligência no primeiro ano de vida, isolamento, pobreza. Apesar disso, com amor e empenho, pode ter proporcionado à sua filha um ambiente de estímulo, compreensão e calma. Se for o seu caso, risque um círculo em volta dessa última frase, só para comemorar.

> "Acredito ter superado circunstâncias difíceis ou uma história de vida terrível, e ainda assim proporcionado à minha filha a certeza de ser amada."

A você todo o meu amor e a minha admiração.

No entanto, se por todos os ângulos de observação não lhe parece ter oferecido a ela o começo ideal, não se culpe. Nem culpe os outros. Reconheça que os problemas enfrentados pela sua menina talvez se expliquem pelas primeiras experiências dela. O conserto começa por uma avaliação honesta. Se a sensação de amor e segurança parece fraca, então precisa ser o foco principal. Tenha ela 10 ou 16 anos, a reparação de situações da infância é prioridade. Talvez a sua filha necessite todo dia de muitos momentos de carinho e tranquilidade, para sossegar o sistema nervoso autônomo, que está em "alerta vermelho" há muito tempo. Ela pode ser competente, atuante, saber lidar com o mundo e, no entanto, precisar de uma parada de vez em quando para "encher o tanque", até que sua mente se convença de que está realmente em segurança.

> Nossa filha foi adotada e veio viver conosco quando tinha 1 ano. Desconhecemos como viveu até então, mas suspeitamos de que tenha sido terrível. Ela apresentou vários problemas durante o crescimento, mas nós a amamos paciente e incansavelmente. Sabíamos que precisava de segurança, rotina, muito carinho e estímulo. Tínhamos lido nos livros de Steve que, aos 13 anos, as crianças "reciclam" a primeira infância ou vivem o período novamente, o que as torna mais receptivas ao afeto. Então, cuidamos especialmente dela naquela idade. Aos 14, ela havia superado os problemas, e está ótima desde então. Acho que será sempre uma garota ativa, e a vida vai muito bem.
>
> *Mark. 48, e Amy, 42*

> Quando minha filha tinha 1 ano, tive que deixar a China, para estudar nos Estados Unidos pelo período de um ano. Ela ficou com a avó. Voltei grávida do segundo filho, e nossa relação ficou complicada. Ela estava bem com a avó, mas agora deve ficar comigo. Não sei se minha carreira fez bem a ela, e espero poder compensá-la.
>
> *Guan-yin, 38*

O amor pelas crianças pequenas é um sentimento natural. Temos hormônios, como a ocitocina, que nos deixam enternecidos diante delas. Porém isso não significa que a arte de cuidar surja naturalmente para todos. O sentimento pode estar lá, mas a arte precisa ser aprendida. Quem nunca conheceu ou experimentou o amor pode se sentir pouco à vontade para expressar amor por um bebê. Às vezes, mãe e pai pouco sentem em relação ao recém-nascido, e precisam de apoio externo para conhecê-lo aos poucos. Atualmente, quase todo mundo apresenta falhas na capacidade de amar, mas não se preocupe com isso. Tal como um incêndio, basta despertar e atiçar; o resto acontece por si.

Duas atitudes intensificam na família a capacidade de amar. As fontes do amor são estas:

1. Tocar a vida mais devagar.
2. Entrar no rio do amor.

Vamos explicar o que isso quer dizer...

Devagar

O SEGREDO DO CRESCIMENTO DO AMOR

Quando falo para pais, observo e ouço atentamente. Algumas ideias deixam as pessoas caladas; outras as fazem rir; e ainda outras parecem acender a luz do entendimento. Um bom exemplo dessa última situação foi a seguinte: A PRESSA É INIMIGA DO AMOR. Quando vivemos em constante correria, nossas interações se tornam discordantes e insatisfatórias – frias, mesmo. Desaparecem o calor e a harmonia. Casais se desentendem. Pais e filhos se irritam mutuamente. O amor existe, mas fica abafado, por falta de sintonia, e as coisas desandam. Reafirmar a intimidade e compreender "onde o outro está" são tarefas que exigem tempo. Para quem tem filhos – pequeninos em especial –, a calma é essencial ao desenvolvimento do amor.

O amor entre um adulto e uma criança ou entre adultos exige ajuste e presença. A sintonia é extremamente importante, tanto entre os pais quanto entre pais e filhos.

A sequência da conexão humana não muda com o tempo. Segue uma ordem determinada. Você se acalma, respira, relaxa os ombros e se joga no sofá. Por dentro, sente-se em casa. (Às vezes pensa: "Que fome! Preciso comer alguma coisa.") Mas, agora existe uma criança. E você somente chegará até ela se estiver bem. Talvez as crianças estejam inquietas, ansiosas, carentes, queiram uma conversa ou ajuda. Mas, se você estiver bem por dentro e dispuser de tempo, a aflição delas não vai passar para você.

Com palavras ou toques tranquilizadores, você faz as crianças sentirem a sua calma, e elas se acalmam. Bebês e crianças pequenas não regulam as emoções; podem fazer várias cenas por dia, por causa de um acontecimento inesperado, uma pessoa desconhecida, um tombo ou machucado, uma frustração ou mesmo uma razão não identificada – nem por você nem por eles. Em nosso papel de pai ou mãe, boa parte do que podemos fazer consiste em acalmá-los e esperar pacientemente que a crise passe. Depois de anos desse processo, eles estarão aptos a percorrer o caminho por si. Quando a criança já sabe falar, tudo fica mais fácil, pois você ouve as queixas e ajuda de modo prático, sempre com atenção e paciência. Ao se sentirem amadas e valorizadas, as crianças não precisam de cenas para chamar atenção.

No entanto, para que seja assim, não pode haver pressa. Claro que é difícil, pois o mundo em que vivemos quer que tudo aconteça muito rapidamente. Prazos, contas a pagar, compromissos, aulas e refeições se acumulam. A vida moderna quer que você ganhe e gaste dinheiro, compre artigos de que não precisa, pratique constantemente atividades de autoaperfeiçoamento, corra de um lado para outro com as crianças para a escola ou os esportes, e assim por diante. Muito complicado e corrido. Como dar conta de tudo sem pressa? Além disso, na correria as coisas desandam. Já reparou?

> Observei uma coisa a meu respeito: carregava sempre em mim uma sensação de urgência. Seria possível cumprir as minhas atividades, ser ativa, sem abrir mão da paz interior? Aos poucos, cheguei à conclusão de que 'sim'. É preciso concentrar a atenção no momento presente. É possível estar ocupado, mas em paz, pelo menos por curtos períodos. É bom ver as tarefas cumpridas e sentir-se bem por dentro. Porém, ainda prefiro descansar, quando posso!
>
> *Serena, 40*

Primeira pergunta:

Sou uma pessoa ocupada demais?
(Veja qual afirmativa define melhor a sua situação.)

☐ 1. Sim, mas preciso sobreviver.

☐ 2. Sim, e quero fazer alguma coisa a respeito.

☐ 3. Às vezes, as coisas ficam tumultuadas, mas geralmente se normalizam.

☐ 4. Fiz mudanças. Adotei um ritmo de vida mais lento, e tudo está muito melhor.

Como o amor se desenvolve

Em poucas palavras: o amor exige tempo. É raro dois seres humanos de qualquer idade se amarem à primeira vista. Isso acontece até mesmo com os bebês. Amor é troca: você dá um pouco, recebe alguma coisa, dá mais, recebe mais. O processo, gradual e respeitoso, requer sintonia.

E, ainda que exista amor, a conexão tem vida, e deve ser restabelecida a cada encontro. É o que acontece com marido e mulher ou pais e filhos, depois de algumas horas de afastamento.

No estilo atual de vida, porém, a pressa pode fazer com que essa qualidade de conexão aconteça cada vez menos na família. Passado algum tempo, as pessoas vivem sob o mesmo teto, mas separadas. A maior parte dos casamentos corre o risco de chegar a esse cenário de tristeza e solidão, e é preciso recuperar o tempo perdido. Custa mais barato que um divórcio, levar as crianças ao psiquiatra ou cuidar de um adolescente envolvido com drogas. O uso de drogas entre adolescentes não está ligado a fatores específicos – pobreza, por exemplo –, mas tem ligação com a falta de tempo dos pais. Às vezes, é necessário reduzir a velocidade, para reaproximar a família. Reative a atenção e o cuidado no relacionamento; restabeleça a ligação com os adolescentes, que vinha apenas "administrando"; reorganize a vida da criança em idade escolar sobrecarregada de tarefas; e passe as horas de folga junto ao seu bebê. Tome posse do seu tempo e use-o para recuperar a harmonia da família.

Você alguma vez decidiu viver mais devagar?

....

....

....

Você acha que, neste momento, a sua família precisa dessas providências?

....

....

....

Talvez seja preciso pedir ajuda. Converse sobre o assunto. Tome decisões práticas sobre o que deve ser eliminado para reduzir a correria.

O rio do amor

É impossível criar amor do nada. Os membros da família parecem de tanque vazio. Como completar uns aos outros? Se a sua vida parece impossível, é sinal de que você precisa "entrar no rio".

A espécie humana evoluiu cercada de forte apoio social. Por milhões de anos, nossos ancestrais viveram em grupos, famílias estendidas ou clãs de 20 a 40 pessoas. Assim, quando formamos uma família, é urgente procurar a "aldeia" de que vamos fazer parte. Nada é mais importante para os pais do que receber amor e cuidado, de modo que possam proporcionar isso aos filhos.

Se você é mãe ou pai, e principalmente se estiver enfrentando alguma dificuldade, procure alguém com quem conversar, a quem recorrer, de quem receber apoio. Eu mesmo, quando pai de primeira viagem, aproveitava as idas ao parquinho para trocar ideias com o primeiro pai que aparecia. No entanto, às vezes é preciso alguém mais velho, que não julgue nem entre em competição. Seja na vizinhança, no local de trabalho ou por meios mais formais, como cursos ou grupos de aconselhamento, procure pessoas afetuosas e aprenda com elas. Aceite o cuidado e a atenção que se disponham a oferecer, como parte necessária do seu papel de pai ou mãe.

> Meus pais eram amorosos, porém muito rígidos. Eram crianças na época da Segunda Guerra Mundial, mas pelo menos cresceram entre parentes e amigos queridos. Então, quando partimos para a Austrália, eles perderam esse apoio. Embora estivessem em melhor situação financeira, sentiam-se solitários. Assim como muitos migrantes, tinham saído do rio. Por minha conta, voltei ao país de origem. Ainda jovem, convivi por cerca de uma década com parentes mais velhos e muito bondosos, até me sentir à vontade no mundo, confiante o bastante para ser pai.
>
> *Will, 62*

Como você descreve a sua sociabilidade nesta fase da vida? (Marque o que mais se aproxima da sua realidade.)

- ☐ 1. Sou um lobo solitário convicto. Ninguém me conhece nem se importa comigo.

- ☐ 2. Sou um lobo solitário não convicto. Gostaria de mais apoio emocional, mas não sei onde buscar.

- ☐ 3. Começo a "sair da casca", fazer amigos e pedir ajuda a pessoas solidárias.

- ☐ 4. Eu me relaciono bastante com outras pessoas, e isso me ajuda muito.

- ☐ 5. Tenho o aspecto emocional bem resolvido e gosto de dar apoio a pais jovens e outras pessoas. Gosto de oferecer o que recebi.

No seu mundo, de quem você poderia receber mais apoio, conforto, incentivo e ajuda?

....

....

- Você pediria isso a essas pessoas?
- Como seria?
- O que seria preciso para que se estabelecesse uma rede de apoio em torno de você?
- Ou pelo menos um rosto amigo com que possa contar regularmente?
- Se você é pai ou mãe de mais idade, há no seu mundo algum pai ou mãe jovem que possa usufruir da sua ajuda ou do seu incentivo?
- Como você faria isso?

Com estes ingredientes – mais tempo e colaboração de pessoas de boa vontade –, os dois primeiros anos de vida da sua filha serão muito melhores. Daí por diante, até a idade adulta, isso vai ajudar a reparar ou fortalecer o que ela receber de você e os laços que daí se formarem.

> "Eu era a imagem da solidão. A família se mudava de cidade frequentemente. Eu não confiava em ninguém. Não era boa em fazer amigos. Até tentei, por uma ou duas vezes, mas me senti enganada. No entanto, ao ter um bebê, senti falta de amizades. Felizmente, conheci outros pais e mães que me ajudaram. Crianças são ótima desculpa para fazer amigos.
>
> *Donna, 22*

E QUANDO O ESTÁGIO JÁ PASSOU?

Talvez você tenha filhos mais velhos, e ao elaborar o perfil da infância da sua filha, no início do livro, tenha visto que marcou poucos pontos em determinado estágio. Não se assuste! Crianças e adolescentes têm uma coisa boa: oferecem várias oportunidades. Se um estágio não é bem administrado, eles inconscientemente sabem e dão sinais disso, ainda que disfarçados. Podem usar a linguagem da teimosia, da desobediência, do mau comportamento, para dizer: "Olhem para mim!"

Em *The secrets of happy children* (O segredo das crianças felizes, em tradução literal) – tanto no livro quanto nas palestras falo sobre a "nova primeira infância", por volta dos 12 anos. A causa disso é a fase de poda neuronal verificada no cérebro e considerada um marco do início da adolescência e da puberdade. Nem sempre os sinais de puberdade física e puberdade do cérebro aparecem ao mesmo tempo. O desenvolvimento dos seios, por exemplo, atualmente acontece com frequência mais cedo, em razão de influências ambientais. A puberdade do cérebro continua a ocorrer por volta de 12 anos.

No cérebro, o efeito da puberdade é tão intenso que a reciclagem se estende dos 12 aos 18 anos ou ainda mais, no caso dos meninos. O interessante é a segunda chance que isso proporciona. Como regra geral, pode-se aplicar a seguinte conta: subtraia 12 da idade da sua filha, e vai achar a idade que ela está vivendo pela segunda vez. Muitas meninas de 13 anos são verdadeiros bebês, confusas, meio perdidas, mas muito desprotegidas emocionalmente. Você pode acarinhar, alimentar e confortar a menina de 13 anos, pois, com certeza, ela vai aceitar.

Garotas de 14 anos atravessam um terrível "estágio 2". Você vai precisar manter o senso de humor e os limites. Não se deixe irritar nem faça ameaças que não vai cumprir. (Aqui, um alerta especial aos papais.)

Apesar da idade cronológica, muitas crianças ficam estagnadas no estágio no qual não obtiveram o que precisavam. Esperam até que isso seja notado e lhes sejam oferecidas as experiências de que sentem falta. O melhor é que temos uma segunda chance (e a terceira, a quarta e assim por diante). É possível preencher os vazios. A criança tímida pode ser gradualmente estimulada a se aventurar, perceber a graça das coisas e se soltar; aquela que não sabe fazer amigos tem a possibilidade de conversar sobre isso com você, criar estratégias e aprender a ser social; e a criança insegura pode começar a confiar e relaxar. Com lógica e um pouco de coragem, sempre se pode consertar o passado. Os próximos capítulos dizem muito mais sobre isso.

Muitas crianças ficam estagnadas no estágio em que não obtiveram o que precisavam.

Um **começo seguro** e **amoroso**

Em poucas palavras

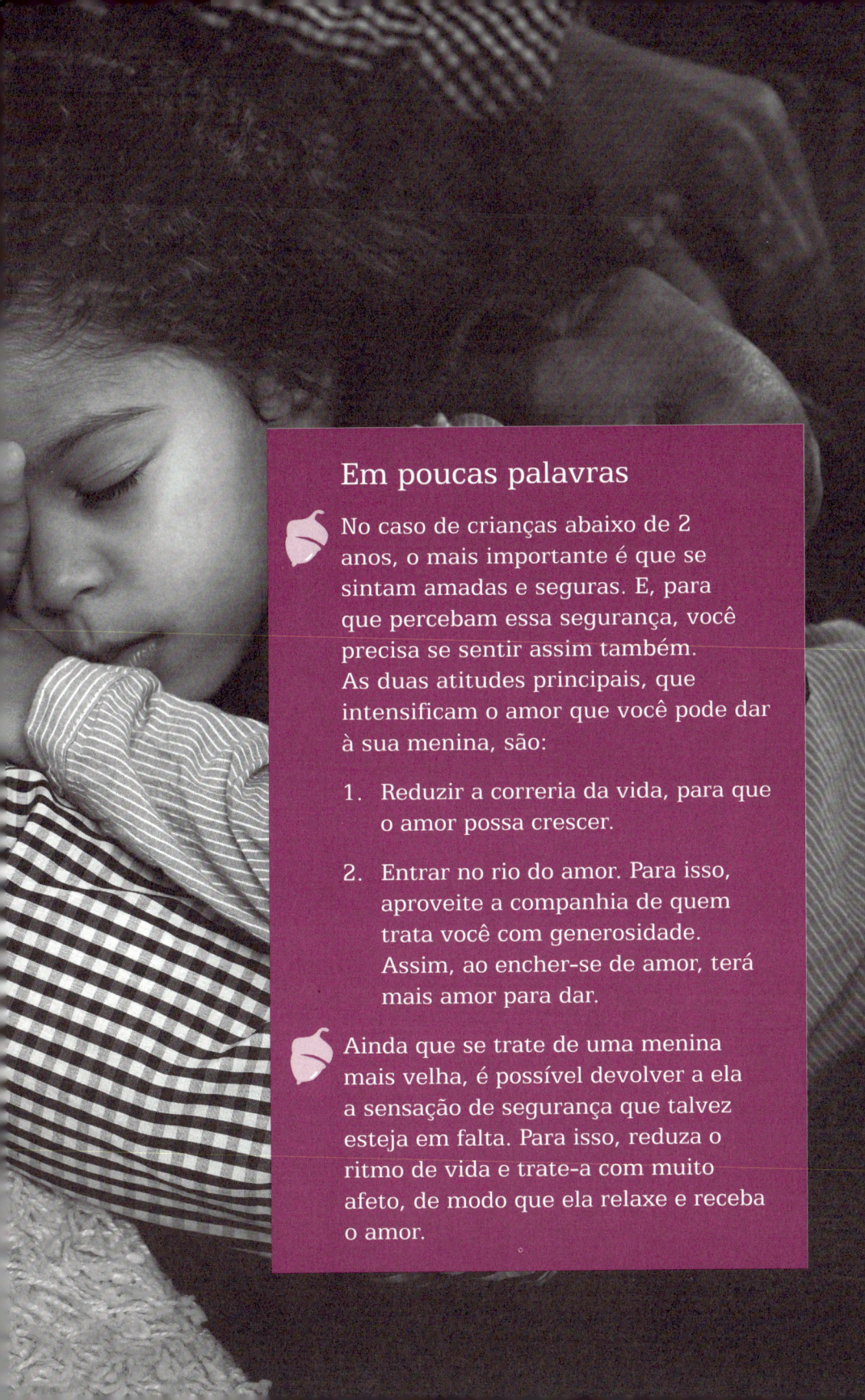

🌰 No caso de crianças abaixo de 2 anos, o mais importante é que se sintam amadas e seguras. E, para que percebam essa segurança, você precisa se sentir assim também. As duas atitudes principais, que intensificam o amor que você pode dar à sua menina, são:

1. Reduzir a correria da vida, para que o amor possa crescer.

2. Entrar no rio do amor. Para isso, aproveite a companhia de quem trata você com generosidade. Assim, ao encher-se de amor, terá mais amor para dar.

🌰 Ainda que se trate de uma menina mais velha, é possível devolver a ela a sensação de segurança que talvez esteja em falta. Para isso, reduza o ritmo de vida e trate-a com muito afeto, de modo que ela relaxe e receba o amor.

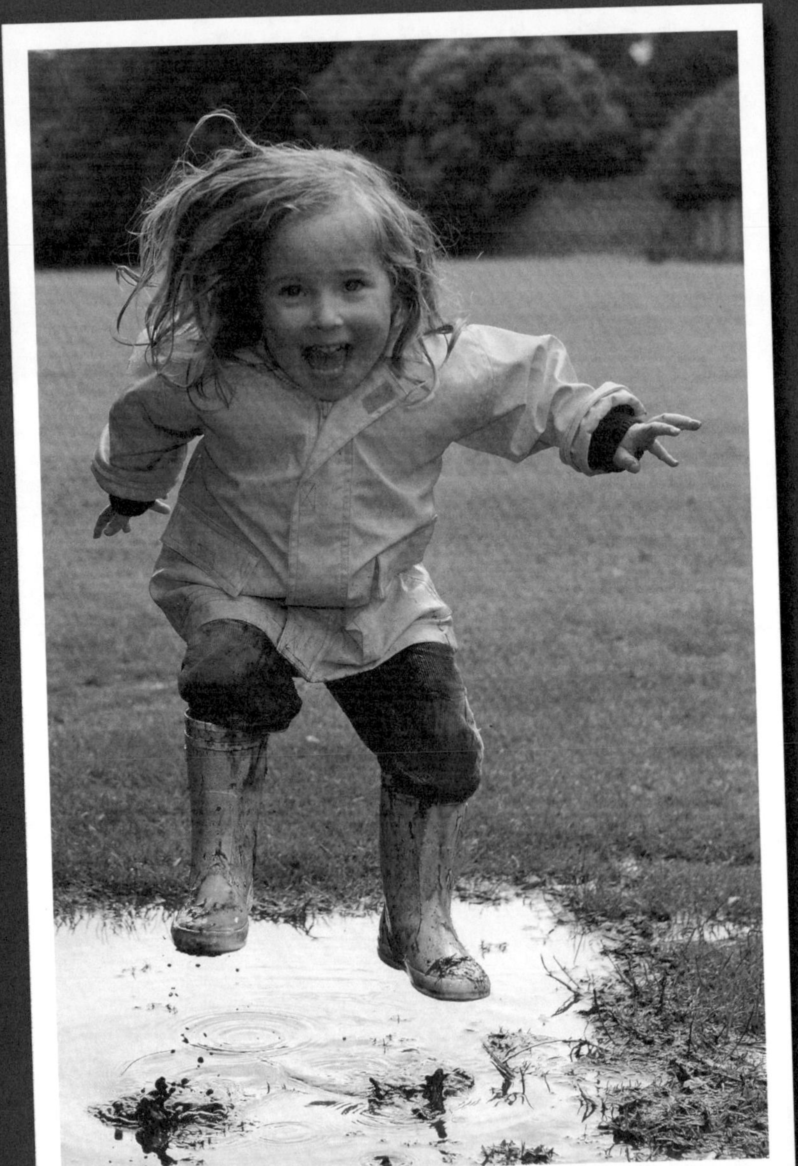

Capítulo Dois

Oportunidade de ser **livre** e **tempo** para ser **criança**

> " O mundo impõe limites, inclusive às meninas muito novinhas, de 2 anos. Temos de estimular nossas filhas a ser ousadas e corajosas, ajudá-las a manter contato com sua natureza. E precisamos lutar contra as forças que querem lhes roubar a infância. "

Reúna um grupo de pais e mães em qualquer lugar do mundo e comece uma conversa sobre meninas. Garanto que em três minutos, no máximo, vai ouvir dizer: "Elas estão crescendo depressa demais."

Não se referem à velha sensação de que os filhos crescem e vão embora de repente. Trata-se de algo novo e muito mais preocupante: em uma única geração muitas infâncias foram reduzidas à metade por forças sem precedentes. As garotas perderam quatro anos ou mais da infância. O resultado disso: miniadultas de 12 anos maquiadas, com decotes provocantes, "vestidas para matar" (de pneumonia), e sempre preocupadas com a opinião dos garotos. Nem felizes nem livres.

Mães e pais dizem que "os 14 são os novos 18". Uma vez que importantes mudanças no cérebro e intensa aprendizagem ocorrem nesses quatro anos, daí só podem resultar problemas.

Pense na sua adolescência. Aos 18, você começava a fazer escolhas difíceis sobre sexo, drogas, segurança etc. Pela primeira vez, lidava com gente desagradável ou inescrupulosa, fora da segurança da família. Mesmo aos 18, é difícil ter 18 anos. Aos 14, ou até aos 12, com o cérebro ainda em formação, as meninas têm a autoconfiança baseada inteiramente em blefes, e não conseguem separar a emoção da razão. Elas se esforçam para administrar as escolhas, mas a vida delas pode se despedaçar nessa idade vulnerável.

Vamos esclarecer: a maioria das garotas ainda se sai bem. Com o nosso apoio, ficam equipadas contra os excessos e tornam-se mulheres maravilhosas. De cada cinco garotas, é assim com três. Das duas restantes, uma "sai dos trilhos" e tem uma vida adulta complicada. E a quinta passa por uma crise que leva a família a agir, levando à superação. Ainda assim, é grande a quantidade de meninas em dificuldade.

A menina precisa ser forte, e essa força vem da confiança nos próprios sentimentos e instintos. E do crescimento suficientemente lento, para que as capacidades físicas e mentais tenham tempo para se desenvolver, como acontece há milhões de anos na espécie humana. Desde muito cedo – de 2 a 5 anos – podemos fazer a diferença na formação da resiliência dela. É então que se lançam as sementes de alguém que aproveita cada fase da vida. Quem cresce devagar cresce forte.

Quem cresce devagar
cresce forte.

Até que ponto você era livre?

Pais e mães jovens, por volta de 30 anos, começaram na infância a viver algumas mudanças, o que não significa necessariamente uma bagagem de felicidade. É importante conhecer a própria história.

Você se lembra da época em que foi mais feliz, na infância?

Com que idade isso aconteceu?

0 1 2 3 4 5 6 7 8 9 10 11 12 13 14 15 16 17 18 19 20 21

O que havia de melhor nessa fase?

....
....
....

Se for o caso, o que outras pessoas fizeram para tornar isso possível?

....
....
....

Na sua infância, houve um tempo no qual percebeu que NÃO era feliz e livre? Com que idade?

0 1 2 3 4 5 6 7 8 9 10 11 12 13 14 15 16 17 18 19 20 21

O que aconteceu para que você se sentisse assim?

....

....

....

....

O que outras pessoas poderiam ter feito, mas não fizeram, para ajudar você naquela fase?

....

....

....

....

Talvez o questionário lhe tenha trazido recordações difíceis ou tristes. Respire fundo e pense que isso foi há muito tempo. Você agora está aqui. Atravessou tempos ruins e tornou-se uma mãe ou um pai que se dedica e quer fazer o melhor. Ou talvez tenha concluído que as pessoas responsáveis pela sua criação fizeram um bom trabalho, aumentando assim a sua admiração por elas.

Nada como recordações da infância para fazer de nós pais e mães mais sensíveis, capazes de satisfazer as necessidades de nossas filhas.

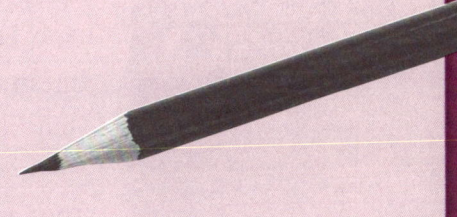

Liberdade contínua

É importante reconhecer que a infância pode ser muito boa, e não aceitar menos. A infância da menina, antes da puberdade, pode se revelar uma época maravilhosa. Sem preocupações com o sexo oposto, ou com absoluto desdém pelos meninos, livre no corpo e ousada nas ações, criativa sem medo de críticas, amante do mundo, dos animais e da natureza, afetuosa com colegas de ambos os sexos, apreciadora da companhia de pai e mãe. Como seria bom se esse tempo durasse para sempre... Mas existe uma razão para que não seja assim.

A tarefa dos pais inclui duas partes. Primeira, estimular e alimentar a natureza exploratória e ousada da filha, de modo que se fortaleça e perdure pela vida. Segunda, afastar as mensagens tóxicas que atualmente aparecem repentinamente em volta das meninas. Isso significa agir com critério em relação à mídia que deixamos entrar em casa e pensar no efeito das nossas atitudes. Os problemas das meninas frequentemente afetam primeiramente as mães. Somente assim, com estímulo e critério, é possível criar condições para o desenvolvimento de uma mulher forte e feliz.

A hora de começar é entre 2 e 5 anos, mas, se houver necessidade de correção, isso pode ser feito em qualquer idade. Lembra-se de quando completou o perfil de sua filha, no início do livro? Se o segundo estágio – exploração – alcançou três estrelas ou menos, há muito o que fazer aos 8, aos 14 ou mesmo mais tarde, para desenvolver o potencial de força e ousadia da sua menina.

Na verdade, talvez você precise passar por um novo processo de liberação, para transferir essa capacidade à sua filha.

Vamos fazer uma avaliação básica do nível de segurança, curiosidade e espírito aventureiro da sua menina. Conforme você vai perceber, combinamos dois tipos de espírito de aventura: externo, físico, no mundo; e interno, criativo e mentalmente livre. Claro que possuir os dois é maravilhoso.

Marque a afirmativa que melhor descreve a sua menina:

- ☐ 1. É ansiosa, arrumada e limpinha. Prefere brincar com o iPad, para não desarrumar as roupas.
- ☐ 2. Ela às vezes usa a criatividade e o espírito de aventura. Mas pouco.
- ☐ 3. Ela adora brincar, tanto ao ar livre quanto em ambientes fechados. Faz barulho e bagunça, e adora aventuras.
- ☐ 4. Não a vemos há três dias, mas, pelos sinais de fumaça que ela envia todo fim de tarde, do alto do morro, sabemos que está bem.

O exemplo é importante. Assim, cabe uma segunda pergunta:

E quanto a você, quando criança?

- ☐ 1. Ansiedade, arrumação e limpeza faziam parte de mim. Eu nunca saía da linha.
- ☐ 2. Ocasionalmente me aventurava ou fazia alguma coisa criativa, mas isso sempre me trazia problemas.
- ☐ 3. Eu gostava de brincar, fazer barulho e bagunça, e vivia muitas aventuras.
- ☐ 4. Aos sete anos, viajei de carona pelo país. Depois, escrevi um livro chamado *Motoristas de caminhão são meus amigos*, no qual conto a aventura.

(Veja bem: não queremos dizer que toda garota ou garoto devam ser barulhentos e ativos. Algumas crianças são naturalmente mais quietas e preferem atividades que empreguem a coordenação motora fina. A questão é: Elas se sentem livres? Seu espírito voa ou permanece assustado?)

O período de 2 a 5 anos é muito importante para a formação. Por isso precisamos decidir o que pretendemos ensinar. Embora com frequência não nos demos conta, o sexismo às vezes aparece na educação. É o que acontece quando prendemos as meninas – muito mais do que os meninos – em um mundo restrito. Dizemos a elas que devem ser elegantes, asseadas, quietas, bem-comportadas e ter bom desempenho no balé, na música e nas tarefas escolares. Criamos pequenas máquinas de conformidade tensas e bonitinhas, e depois nos perguntamos por que, lá pela metade do ensino médio, elas frequentemente implodem em ansiedade, automutilação ou bebida em excesso.

No Reino Unido, as escolas não ajudam, pois os políticos (não os educadores) instituíram testes e avaliações, e todo tipo de pressões irrelevantes, aplicados inclusive a crianças pequenas, desde a educação infantil. Além disso, é muito comum essas crianças sofrerem também em casa as pressões para ser o melhor. Loucura. A vida não é uma competição. E, mesmo que fosse, as crianças crescem mais inteligentes e mais fortes, desenvolvem melhores sistemas sensoriais e maior interesse pela aprendizagem quando lhes permitem brincar livremente até os 7 anos. No mínimo.

A PRAGA DA PERFEIÇÃO

Autores como Oliver James, no Reino Unido, e JoAnn Deak, nos Estados Unidos (procure os livros recomendados), expressaram sérias preocupações acerca do perfeccionismo cada vez mais demonstrado pelas meninas em relação ao próprio desempenho. Tudo começa nos primeiros anos de escolaridade – tarefas, aparência, comportamento, sucesso nos esportes. Com a entrada na adolescência, as garotas passam a controlar a forma física por meio de dietas e exercícios pouco saudáveis, o que pode resultar em colapso mental.

Pesquisas recentes revelaram um dado surpreendente: as meninas mais ansiosas vêm de famílias com alto nível de instrução e financeiro.

A preocupação excessiva com o desempenho acadêmico acaba por prejudicar o sucesso das meninas, que se transformam em jovens infelizes.

Há muito se sabe que os meninos ficam em desvantagem no início da escolaridade formal, por não gostarem de estar quietinhos e por demorarem mais a ler e escrever, uma vez que, neles, o cérebro se desenvolve mais lentamente. É provável, porém, que as meninas sofram consequências igualmente negativas, ao serem submetidas muito precocemente à educação formal. Por terem bom desempenho na escola, recebem elogios que não as incentivam a ser elas mesmas ou fazer o que desejam, mas a agir de modo que o papai, a mamãe ou os professores fiquem satisfeitos. Elas desenvolvem o que os psicólogos chamam de "locus de controle externo", em que a felicidade depende da aprovação alheia. Por isso é vital que crianças abaixo de 6 anos fiquem livres da aprendizagem formal, e assim possam desenvolver a capacidade natural de inventar brincadeiras, tornando-se estudantes ativos, motivados e criativos.

Nessa idade, a sua filha precisa se sentir LIVRE, ciente de que o mundo é um lugar belo e interessante, e que ela é capaz de adquirir as competências necessárias a uma exploração segura. "Livre" não significa ser egoísta nem tratar mal os outros, ser imprudente ou sem noção, e de vez em quando você talvez precise lembrar isso a ela. "Livre" significa acreditar que inteligência e habilidades se desenvolvem; que força, segurança, paz interior e sabedoria surgem do contato prazeroso com o mundo. Tanto por fora quanto por dentro – na própria mente –, a sua filha precisa empreender uma vida de exploração. Como diz o feminismo, o lugar da garota é ONDE ELA QUISER ESTAR.

COMO A NATUREZA FAVORECE A INTELIGÊNCIA DA MENINA

Há dois anos conheci dois livros com o mesmo título: Wild (selvagem, livre).

O primeiro rendeu também um filme maravilhoso: a história real de uma jovem americana em processo de autodestruição, dependente de homens e drogas, um poço de insegurança. Quando a mãe de Cheryl Strayed – nome muito bem escolhido, pois a tradução do sobrenome é "perdido", "extraviado" – morreu de repente, ela adotou um estilo de vida em queda livre, que provavelmente a levaria à morte. Ao decidir-se afinal pela cura, ela não escolheu uma terapia, mas a caminhada por milhares de quilômetros ao longo da Pacific Crest Trail, em um percurso que se estende pelo território dos Estados Unidos, entre as fronteiras do México e do Canadá. E deu certo.

O outro livro foi escrito por Jay Griffith, uma excelente autora britânica. Ela descreve a importância de afastar-se do ambiente artificial e danoso de cidades, edifícios, aparelhagem eletrônica, prazos e correria. Em vez disso, sugere o contato com a natureza, até que a mente seja tomada. A própria escritora viveu entre povos indígenas em todo o mundo, para colher material. Ela produziu em seguida outro livro, *Kith*, cujo título pode ser traduzido por "família estendida", "círculo de amigos" ou "território natal". Neste, Jay sustenta que as crianças precisam de um território, um panorama, um local com dimensões naturais e humanas, onde estejam livres para transitar durante a infância. Esse "território natal" a que o indivíduo se liga é a base do bem-estar. No nosso mundo, onde nos mudamos frequentemente de cidade, e vivemos em apartamentos muito acima das ruas, a ideia se mostra desafiadora. É difícil comentar esses livros em poucas palavras, mas eles alcançaram sucesso mundial. Cada um a seu modo mostra como a mulher pode se livrar dessas correntes e como a infância não deve ser acorrentada.

Uma das mais importantes ideias acerca da sua filha é reconhecer nela uma criatura livre, que deve permanecer assim para ser saudável e desenvolver todo o seu potencial. Com um 1 ano ou 2, ela está pronta para se aventurar na natureza: perseguir pequenos lagartos, colecionar penas, construir casinhas de gravetos, provar, escalar, tocar e fazer contato com seu duende interior. Esses não são apenas momentos divertidos, agradáveis – intervalos na verdadeira infância. Eles são a infância. Nossos olhos, ouvidos, mãos, pés e, em última análise, nosso cérebro precisam do mundo complexo e ricamente sensorial que somente a natureza proporciona. Terrenos irregulares nos deixam com os pés e pernas mais fortes, e o cérebro mais ágil.

Agora, entenda isto: a mensagem não se resume a "vida ao ar livre é saudável". Acontece que na complexidade e riqueza do ambiente natural, os sentidos da criança vão se desenvolvendo em um nível significativamente mais refinado e detalhado. Tomemos por exemplo a chamada visão 20:20, que é a visão normal; é possível melhorar, chegando a 20:10. Também nos outros sentidos, olfato, audição, tato e percepção sensório-motora, são possíveis melhorias comparáveis a essa. Quando isso começa a ocorrer, o cérebro assimila os estímulos como um todo e compreende a relação com o ambiente. Um surpreendente número de estudiosos e pesquisadores, entre os melhores do mundo, ligaram-se à natureza, o que modificou seu cérebro para melhor.

DESTRUINDO OS ESTEREÓTIPOS

O antigo ideal da menina limpinha, arrumadinha, bonitinha, bem-comportadinha parece persistir na nossa mente. Na verdade, o que piora a situação é a obsessão por roupas da moda, cheias de frescuras. Quem usa delicados vestidos cor-de-rosa que custam uma fortuna não pode brincar na lama.

Na minha opinião, as palavras *kid* e *fashion* (criança e moda) nunca deveriam ser vistas juntas. Roupas infantis têm de privilegiar o conforto, a mobilidade e aquele tipo de singularidade que toda criança é capaz de montar sem entrar em loja nenhuma. Deixar os filhos bem-vestidos pode ser divertido e interessante para os adultos, e só um pouquinho não mata. No entanto, é preciso cuidado para não passar do ponto, produzindo uma criança deslumbrada com a própria imagem. Na movimentada vida moderna, de intensa preocupação com a aparência, esse seria um veneno mortífero para a saúde mental das nossas crianças.

E há os brinquedos. Nós nos livramos dos pequenos fornos, aspiradores de pó e ferros de passar com que as meninas brincavam na década de 1950. No entanto, essas peças foram substituídas por cílios postiços, bonecas roliças com meias de renda, lindas roupas cor-de-rosa típicas de princesas e saias curtíssimas para dançar. Não exatamente o que se pode chamar de progresso.

Minha irmã teve um ferro de passar de brinquedo! Funcionava a pilha e acendia uma luzinha vermelha, quando era acionado um botão. Só fazia isso! Ela se divertia, fingindo passar roupa. Igualzinho à mamãe!

Não é ruim para as crianças (meninos ou meninas) brincarem imitando a vida adulta – preparar comida, construir casas, criar uma família. Mas, quando a loja de brinquedos organiza dois corredores, sendo um para meninos e outro para meninas, temos um problema.

A verdadeira solução para o lixo sexista imposto às garotas, além de não comprar os brinquedos, é torná-las fortes e livres desde cedo, de modo que já aos 8 ou 14 achem graça em tudo isso. Então, a resposta é: garotas precisam ser livres. E como se aprende isso? Em atividades tais como cuidar do jardim, criar objetos, fazer montagens no quintal com barro e folhas, dançar e pular na sala ao som de música, cuidar de animais e plantas... com a participação de mamãe e papai. Quando possível, é bom estar na chuva, no campo ou na praia. Incentive a sua menina a ser menos arrumada, mais desinibida, alegre e ativa. Nunca reclame do estado em que ela chega em casa. É melhor que a menina use roupas resistentes à sujeira, à água e ao uso. E, sempre que puder, vá com ela para perto da natureza e deixe que corra à vontade.

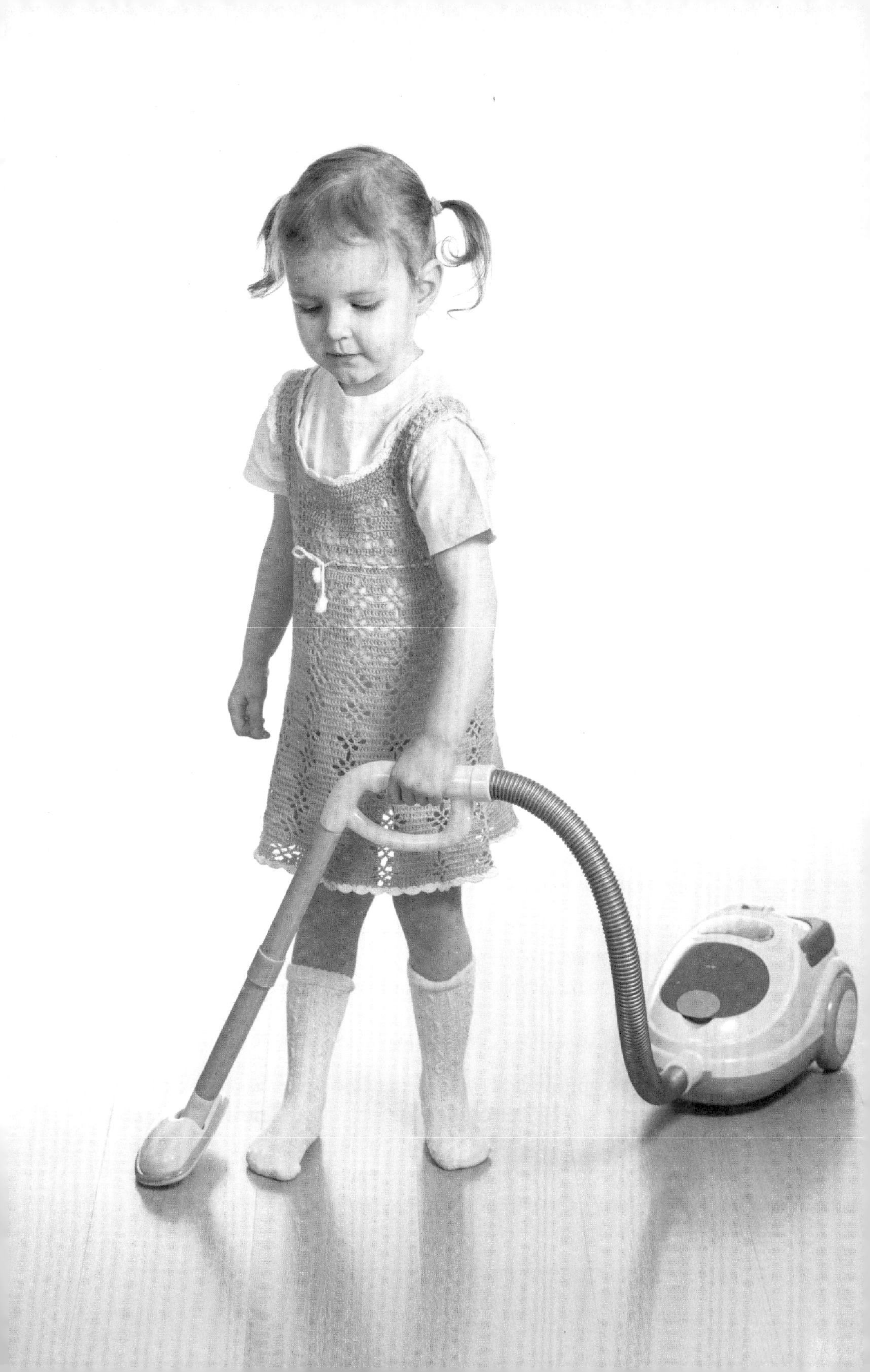

Aqui está uma avaliação rápida das oportunidades naturais de liberdade de que a sua filha dispõe. (Marque as que forem verdadeiras.)

☐ 1. Minha filha não gosta de terra. Ela raramente se aventura ao ar livre.

☐ 2. Moramos em apartamento. Há pouca natureza em volta.

☐ 3. Temos jardins e parques por perto e às vezes vamos até lá.

☐ 4. Vamos para perto da natureza sempre que possível, temos um animal de estimação e brincamos muito ao ar livre.

☐ 5. Vivemos no campo, e ela brinca tanto no mato que tenho de tirar gravetos de seus cabelos.

O exemplo é importante. Assim, cabe uma segunda pergunta:

Liberdade interior.

☐ 1. Nossa família é organizada. Somos calmos. Nosso objetivo é a realização. Isso exige disciplina, e não há espaço para desvios.

☐ 2. Ocasionalmente saímos da rotina, e, quando saímos, é muito divertido.

☐ 3. Nossas filhas adoram exercitar a criatividade com tintas, papéis, cola e objetos diversos. Elas se sujam, mas não é nada que um banho quente não resolva.

☐ 4. A atividade preferida das nossas crianças é dançar com música alta na sala e na cozinha. Uma farra! Sempre que subimos a montanha, gritamos nossos nomes lá de cima.

Se marcou um ou dois itens dessas duas listas, não entre em pânico.

É nisso que este capítulo pretende ajudar. Repare que um ambiente de liberdade não quer dizer caótico, desorganizado ou sem rotina. Crianças e famílias se dão melhor quando há limites e estrutura. Só é realmente livre quem sabe se conter e não deixa cocô de gato no chão do banheiro – pelo menos desde a semana passada. Em especial se você não tem gato!

TODO MUNDO PODE

Nem todo mundo pode viver no mato, na praia ou em uma cidadezinha onde, aos 7 anos, seja possível andar com segurança, tendo como companhia os coleguinhas da mesma idade. Onde se possa acender o fogo e assar carne, ou montar uma barraca e esperar, ao lado do papai, que um texugo saia da toca ao anoitecer. Já pensou em como essa infância seria maravilhosa, estimulante e libertadora? Que tal trazer isso para a vida da sua filha? Mesmo na cidade, existe aventura, e pode-se ir ao encontro da natureza, ainda que só nas férias. Portanto, proporcione férias ou fins de semana assim. Muitas mulheres se lembram da primeira vez, ainda crianças, em que acompanharam mamãe ou papai a uma praia deserta ou à montanha, de onde viam o panorama em volta e sentiam o vento nos cabelos.

> Nossa filha passava horas no jardim brincando com gravetos, folhas, pedrinhas e insetos estranhos. E vivíamos em um local da Austrália onde havia cobras, lagartos grandes chamados 'goannas' e aves, tais como kookaburras, falcões e águias. Ela estava sempre interessada em alguma coisa. Inventava histórias, criava diálogos entre os personagens, e só parava de vez em quando, para comer, beber ou mostrar alguma novidade.
>
> Jasmine, 37

Percebe como, juntas, essas experiências são capazes de imunizá-las, ainda que parcialmente, contra as bobagens da mídia social? Contra as tentativas de torná-las atraentes para os meninos? De tomar atitudes cruéis em relação aos colegas? De achar necessário consumir drogas aos 15 anos para sentir-se bem?

É claro que ela aprende com a mãe e o pai. Se você demonstra uma natureza livre e exuberante; se ri, dança, canta, ama a natureza e a vida, a sua menina vai achar isso tão natural quanto respirar. Afinal, o que ela vê é uma pessoa eficiente, cuidadosa e protetora, e, ao mesmo tempo, informal e livre. Que encontra alegria em todos os momentos. Que faz com que ela não se sinta excluída e entre em atividade.

O PAPEL MUITO ÚTIL DOS PAPAIS

Os papais têm se mostrado valiosos, quando se trata de ajudar as filhas a serem exploradoras. De acordo com pesquisas, o papai é mais aventureiro e ativo do que a mamãe. Ele leva as crianças para brincar fora de casa e permite atividades mais arriscadas. (E sofre mais acidentes. Portanto, cuidado.) Na companhia dos papais, as filhas são derrubadas pelas ondas, ralam os joelhos, brincam de luta, correm e escalam muito mais. Vão até pescar! O pai é ligeiramente menos pontual nas refeições e menos atento ao equilíbrio dos alimentos. Se não houver exagero, isso pode resultar em meninas mais fortes e resistentes às pressões. E, melhor ainda, que se sentem confortáveis quando a companhia é masculina, capazes de se relacionar com garotos em termos próprios. Papais, estejam com as suas filhas! (Adiante há um capítulo inteirinho sobre isso.)

Afastando as hienas

É incrível como as crianças têm consciência do mundo que as rodeia. Daí a necessidade de estarmos alertas com relação à mídia que invade nossos lares – televisão, internet e revistas, bem como as peças publicitárias que ocupam as ruas e vitrines. A publicidade pode impactar nossas meninas, seja acidental ou deliberadamente. Em qualquer dos casos, a mensagem é quase sempre negativa para o bem-estar emocional e a autoimagem. Está em nossas mãos escolher o que aceitamos e capacitar nossas meninas a perceber as tentativas de influenciação. Cabe a nós mantermos as hienas à distância, até que as meninas aprendam a enfrentá-las.

> Nossa filha de 3 anos brincava sobre o tapete da sala, em frente à televisão. Era o fim do dia, e conversávamos distraídos quando ela ergueu a cabeça, olhou firme para a tela e disse em alto e bom som:
>
> – Não é legal? Agora que a moça ficou magra, o marido gosta dela!
>
> Minha mulher e eu quase nos atropelamos, na tentativa de mudar rapidamente de canal, embora disfarçando a pressa. A tevê australiana tem anúncios de produtos diet que apresentam cenas do tipo 'antes e depois', em que pessoas gorduchas aparecem mais tarde magras e felizes. Nossa pequenina tinha absorvido palavra por palavra.
>
> Amor = magreza
>
> Mulher = decoração
>
> Casamento = objetivo de vida
>
> Aaaargghhh!
>
> *June, 33, e Daniel, 33*

> Eu separava a roupa que ia usar naquele dia. Ao meu lado, como sempre, a pequena senhorita 2 anos observava todos os movimentos. Escolhi uma calça jeans preta muito justa, de cintura alta, do tipo que exige certo contorcionismo para vestir. Foi então que percebi minha loirinha balançar diante do espelho o traseiro volumoso, por causa da fralda. O gesto era idêntico ao meu, como quem pergunta: 'Meu bumbum ficou bonito?' Fiquei tão chocada que quase gritei.
>
> *Claire, 39*

Há uns quinze anos, o mundo corporativo descobriu as garotas. Os profissionais de marketing identificaram na população um segmento inexplorado que era o mais promissor do mundo. Hoje, grandes corporações rotineiramente contratam psicólogos cuja tarefa é aconselhar sobre as maneiras de tirar partido do público infantil, ainda que, por vezes, ele seja prejudicado. É verdade. Grandes indústrias de tabaco e álcool e outras corporações pouco conscientes adotaram a prática. Assim, em países do Terceiro Mundo, adolescentes vestidos em roupas da moda recebem cigarros para oferecer gratuitamente a outros da mesma faixa de idade. Ninguém se preocupa com o teor de alcatrão. Na Austrália, no ano passado, uma vinícola distribuiu uma bebida vermelha efervescente em garrafas de plástico decoradas com coraçõezinhos na etiqueta. E com teor alcoólico de 8%. Felizmente bebidas alcoólicas voltadas para os jovens foram proibidas, e o novo produto foi rapidamente retirado de circulação. (Mas foram necessários quase vinte anos para a aprovação da lei.)

No início do século 21, as coisas ficaram realmente sérias. Os especialistas contratados disseram às empresas que entre meninas e meninos há uma importante diferença. Segundo aqueles profissionais, elas são sugestionáveis socialmente. Se duas garotas são colegas no ensino fundamental e uma olha a outra de cara feia ou faz uma crítica, a outra passa o resto do dia aborrecida. No caso de dois garotos, eles às vezes brigam, às vezes até escorre sangue, mas em minutos tudo está superado. Meninos esquecem. Ou, mais precisamente, não se importam. Precisam ser ensinados a prestar atenção aos sentimentos alheios. As garotas fazem isso o tempo todo.

Com essa informação e algumas ideias que não vou mencionar agora, os publicitários canalizaram milhões de dólares para um novo alvo: a pré-adolescente. Na verdade, a "menina pré-adolescente" foi inventada por eles. Como se, aos 11 anos, ela estivesse apenas à espera da adolescência, e não valesse a pena viver essa idade. (Crianças não são pré coisa nenhuma. São o que são, e devem ser deixadas em paz.)

Nem em seus sonhos mais otimistas aqueles publicitários poderiam imaginar o sucesso que alcançariam. Hoje em dia, 40% das garotas de 10 anos se preocupam em controlar a alimentação, em tentar modificar as formas. É triste, porque toda menina fica um pouco gorducha durante os seis meses que antecedem a chegada da puberdade, para que o organismo produza estrogênio suficiente. Em sociedades antigas, as pessoas sabiam disso e ficavam felizes. (Atualmente, mamães preocupadas com a aparência e papais desatentos dizem: "Uau, você está engordando!")

E, nesse ritmo, a infância perde quatro anos preciosos, criativos, facilitadores da autoconfiança. Crianças de 10 anos se ligam na moda.

(Ou, mais precisamente, ficam ansiosas por causa da moda.) As de 12 anos ficam mortificadas se vestirem roupas da etiqueta errada ou consumirem bebidas e lanches "fora de moda". E as de 14 gastam a mesada em maquiagem, artigos de que sua pele jovem certamente não precisa. Enquanto isso, de cada 12 meninas, uma vai desenvolver distúrbio alimentar, depois de tentativas de reproduzir uma imagem corporal impossível que viu em revistas. Quando o peso sobe e desce como ioiô, o metabolismo entra em modo pânico.

Garotas de 16 anos pedem aos pais para corrigir os seios e fazer labioplastia. É exatamente o que você está pensando. E assim vai.

Só existe um meio de evitar isso: deter o tsunami de mídia que bate à sua porta. Vamos conversar sobre isso agora, começando por você.

No auditório de uma grande escola, o tema da minha palestra é: *Criando meninas*. Lá pela metade, de surpresa, peço às pessoas que me ouvem para levantarem a mão, caso não estejam satisfeitas com o próprio corpo. Você pode fazer o teste, marcando a opção que mais se aproxima do que pensa: Você alguma vez decidiu viver mais devagar?

☐ 1. São tantas as coisas de que não gosto que seria melhor trocar de corpo.

☐ 2. Basicamente gosto de mim do jeito que sou. Talvez consertasse uma coisinha ou outra.

☐ 3. Amo meu corpo incondicionalmente. O corpo é uma coisa maravilhosa, e sinto carinho e gratidão por ele.

Na plateia, cerca de 98% dos presentes ergueram as mãos. Somente 2 em cada 100 marcariam essa terceira opção. Mas é lá que precisamos estar, se quisermos ajudar as nossas filhas a escapar desse destino.

A história que conto a seguir aconteceu comigo, durante a adolescência.

> " Sou magro – bem magro. Gosto assim. Meu corpo é forte e corresponde a tudo que lhe peço. Amo meu corpo porque ele é milagroso e me sustenta há 60 anos. Quando adolescente, porém, vivia infeliz com a minha aparência. A escola era pobre, e no verão íamos a pé até a praia, para a aula de natação. No vestiário, eu me escondia e só tirava a roupa quando os colegas já estavam na água. Durante a aula, ficava longe de todos (principalmente das garotas!). Detestava meu corpo. Malhação fazia pouca diferença. Então, o que pretendo afirmar é: todo adolescente passa por isso. E todos nós queremos parecer ótimos.
>
> Hoje, porém, a pressão é dez vezes mais intensa. Precisamos impedir que essa pressão entre na nossa casa. E isso começa por você – mãe ou pai.
>
> *Steve, 63*

UMA EXPERIÊNCIA

Como seria a sua vida, caso você decidisse agora que ama o seu corpo exatamente como é? Como se sentiria, se a visão do seu corpo lhe trouxesse satisfação? Isso faria de você uma pessoa mais benevolente e saudável? Consegue perceber que não há mais "se" nem "quando"? (Se eu perder peso; quando eu consertar o nariz...) Trata-se de uma mudança de postura; de substituir a atitude crítica por admiração pelo milagre que é o corpo humano. Como essa mudança poderia salvar a vida da sua filha?

Algum dia, provavelmente ainda antes da adolescência, a sua menina vai chegar a você e dizer: "Odeio meu corpo." É terrível ouvir essas palavras. O seu primeiro impulso será responder: "Você é linda! Está ótima!" No entanto, não terá credibilidade, se ela tiver ouvido de você comentários negativos sobre os próprios cabelos, pele, roupas ou aparência.

> **Experimente esta avaliação. Marque o que for verdadeiro:**
>
> ☐ **1.** Você faz dieta para perder peso e comenta isso?
>
> ☐ **2.** Tem espalhadas pela casa revistas de moda que mostram mulheres de magreza impossível?
>
> ☐ **3.** Comprar roupas é uma diversão para a família ou um ponto de ligação com a sua filha?
>
> ☐ **4.** Faz, diante da sua filha, críticas ao peso ou à aparência de outras pessoas?
>
> ☐ **5.** Critica a própria aparência diante dela?
>
> ☐ **6.** A maquiagem é muito importante para você?

Se você marcou mais de dois itens, é um caso para se pensar. Pensar bem. O resultado sugere muita importância à aparência. Isso pode ser ruim para você e, no mundo atual, perigoso para a sua filha.

Pense no futuro. Um dia ela vai para a escola. Um garoto idiota, provavelmente interessado nela, vai dizer, no pátio: "Você está gorda!" Ela vai inclinar a cabeça e responder: "Amo o meu corpo. E aposto como chego antes naquela cerca." E os dois saem correndo. Ou ele confirma ser um completo idiota, que não merecia a segunda chance que ela deu. E ela nunca mais vai falar com ele.

O importante é a garota possuir uma autoestima tão sólida que lhe permita ver o garoto como é. Bobo e mal-educado. No entanto, ela só será capaz disso caso tenha ouvido você dizer exatamente: "Amo o meu corpo."

Portanto, você tem de agir primeiro. Abandonar a obsessão pela aparência e dar mais importância a outros aspectos da vida.

Se concorda com o parágrafo seguinte, trace um círculo em volta. Se não concordar, apenas tenha em mente que este é um exemplo que a sua filha pode seguir orgulhosamente.

> "Acho que preciso dar menos importância à minha aparência e à aparência dos que me rodeiam. Há coisas mais importantes na vida. Quero que minha filha goste do corpo dela. Então, preciso gostar do meu."

Isso! Eu deixaria o livro aqui e sairia cantando ao sol. Esse é um enorme avanço a ser reconhecido. O seu terapeuta lhe daria um abraço!

Mas, se você ainda está aqui, eu também estou. Com a casa em ordem, passamos da metade do caminho. Então, vem o passo seguinte: o que o mundo ensina às nossas filhas.

Administrando a mídia

Temos uma decisão importantíssima a tomar assim que nossos filhos abrem os olhos, ao nascer: por quanto tempo vamos permitir que a mídia chegue a nós por meio dos vários tipos de tela.

Marque a afirmativa que melhor descreve o tempo que a sua família passa diante de alguma tela:

- ☐ **1.** Nem temos televisão em casa.
- ☐ **2.** Na nossa família, limitamos a televisão a períodos específicos.
- ☐ **3.** Ficamos diante da tela por várias horas todas as noites, e às vezes de manhã também.
- ☐ **4.** Nossas refeições sempre são feitas diante da tela.
- ☐ **5.** Sempre há algum tipo de tela em funcionamento na casa.
- ☐ **6.** Sempre há algum tipo de tela em funcionamento na casa. Minha filha possui televisão no quarto, o que a deixa menos inclinada a discussões, contribuindo assim para a paz familiar. Eu raramente a vejo, a não ser quando vai pegar alguma coisa na geladeira.

Trata-se apenas de uma opinião pessoal, mas acredito que qualquer coisa abaixo do item 2 indica problema. A razão é a seguinte: a televisão na sala altera seriamente o tempo da família. Em primeiro lugar, inibe a conversação. Trocam-se apenas algumas frases, porque a atenção e, o mais importante, a audição ficam concentradas na tela. Ninguém comenta assuntos sérios, porque a ocasião não favorece. Como resultado, pelo menos nessa parte da casa, os casais não se comunicam; as crianças não revelam o que pensam; notícias não são compartilhadas.

Outro efeito surpreendente e alarmante foi observado há pouco tempo. Estudos confirmam o que professores já haviam notado no mundo inteiro. As crianças chegam à escola com deficiência na fala. Não formam frases completas. Soltam apenas algumas palavras aqui e ali. São incapazes de contar uma história, ainda que simples, como: "Fui com a mamãe comprar um trenzinho de brinquedo." Não sustentam uma conversa. A dificuldade na aprendizagem da leitura é atualmente encarada como dificuldade básica de encadear palavras. A maioria das crianças de 5 anos, que antes contavam longas e interessantes histórias, agora emitem apenas breves expressões sem sequência. O raciocínio fica prejudicado. Esse panorama tem a ver com o fato de adultos conversarem pouco com as crianças. Observação não é o mesmo que interação. Não envolve resposta. Assim, elas não aprendem.

Crianças pequenas nem sequer brincam direito quando ouvem o som da televisão ou do rádio. A imaginação não se desenvolve. Em ambientes silenciosos, porém, criam diálogos e enredos com os bonecos e bonecas, personagens conversam entre si, em longos e elaborados enredos. Com televisão ou rádio ligados, a atenção e a imaginação ficam prejudicados.

E, por último, o grande problema com que todos se preocupam: como a mídia afeta a autoimagem da menina. Todo dia um programa roda em seu espaço, além do que vem de revistas, cartazes e internet, mostrando milhares de imagens de mulheres bonitas, atraentes, bem--arrumadas, de pele perfeita e magras, e não admira que, consciente ou inconscientemente, a menina logo pense que tem de ser assim. A comparação leva à insatisfação, e ela passa a se ver como um produto. Ao mesmo tempo, os artigos comprados passam a representar a chave para que ela se torne um produto melhor. Assim, o visual – a aparência, como os outros a veem – assume uma importância muito maior do que sentimentos ou ações. Ela se convence de que a mulher é para ser examinada. E usada.

Mídias sociais, selfies e, se for o caso, sites de encontros ou relacionamentos se somam a isso, e podem fazer com que a menina se sinta mal.

Mãe ou pai preocupados com a aparência. Cultura da imagem feminina. Intermináveis apresentações de pessoas com base no exterior. É alguma surpresa que tenhamos problemas com as garotas?

O QUE FAZER?

Há muito o que fazer.

1. Não tenha televisão no quarto das crianças.

2. Pelo menos até os 16 anos, se as crianças estiverem on-line, não tenha computadores, iPads ou telefones celulares no quarto delas.

3. Só ligue a televisão para assistir a programas específicos.

4. Na hora das refeições, reúna a família à mesa. Promova conversas leves e agradáveis.

5. Não faça das compras a principal diversão ou o momento de união da família.

6. Incentive e apoie outros aspectos da vida, mais divertidos que se olhar no espelho.

Essas são apenas algumas ideias para você pensar.

Oportunidade de ser **livre** e **tempo** para ser **criança**

Em poucas palavras

🌰 Boa parte da formação de uma garota feliz está em garantir que ela tenha infância. Que esse tempo não seja reduzido por um crescimento rápido demais. Isso inclui dois aspectos importantes:

1. A partir dos 2 anos, incentive a sua menina a explorar, seja em espaços abertos, na mente, na criatividade. Deixe livre o espírito dela. Não a prenda à ideia de ser fofinha, arrumadinha ou submissa. Permita que se vista para a ação. Para a liberdade.

2. Mantenha a sua casa livre das insanas pressões da mídia sobre aparência. Cuide para você não se ligar demais ao assunto. Deixe a televisão desligada, a não ser na hora dos programas a que quiser assistir. Só peça a companhia da sua filha, para comprar roupas ou para atividades ligadas à aparência, quando ela for adolescente. E talvez nem assim.

🌰 De 2 a 5 anos é tempo de brincar. A menina deve sair desse período cheia de energia e confiança, ansiosa para explorar um mundo mais amplo.

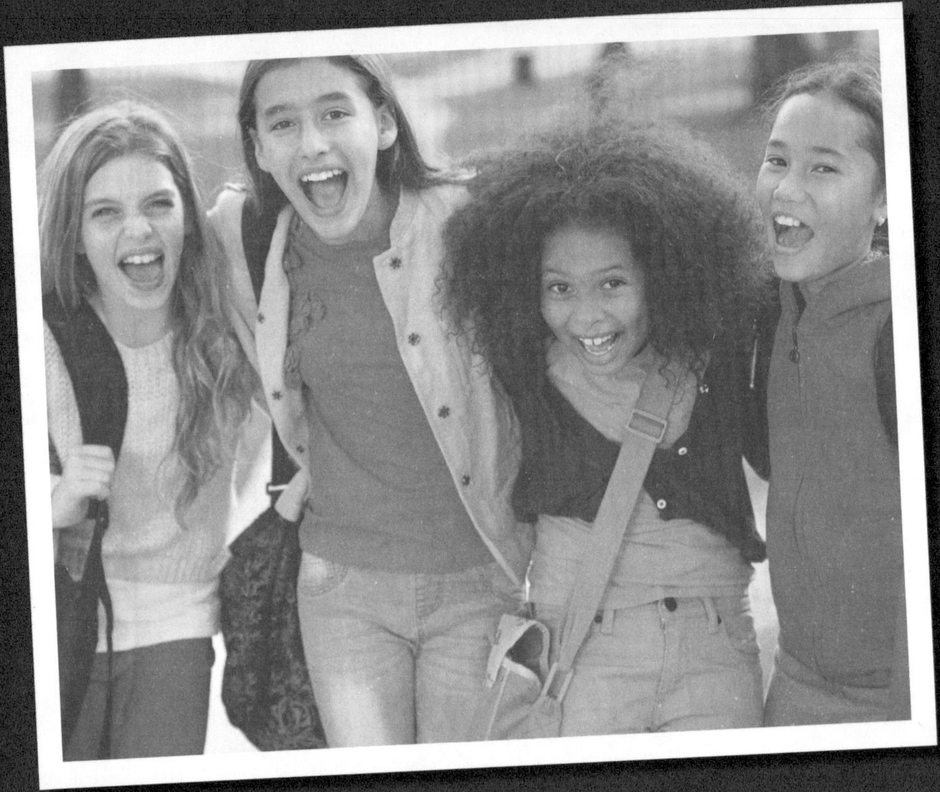

Capítulo Três

Fazer amigos

> *Fazer amigos é muito importante, mas é também um processo bastante complexo. Essa aprendizagem, muito intensa entre 5 e 10 anos, estende-se pela vida toda. Na verdade, quase todos ainda estamos aprendendo!*

O livro *Criando Meninas* começa com uma cena em que Mollie, de 2 anos, está prestes a bater com um caminhão de brinquedo na cabeça da coleguinha. A mãe percebe e, do outro lado da sala, lança "o olhar". Foi por pouco! Para fazer amigos é preciso maturidade, e a aprendizagem começa cedo. Até lá, nossas filhas precisam de um bocado de interferência e consolo. Este capítulo apresenta um roteiro bastante útil, em especial se o processo foi complicado na sua infância. E talvez ajude você também!

Os seres humanos são animais sociais. Vivemos, trabalhamos, aprendemos e nos divertimos em grupo. Os bebês já desenvolvem amizades, e o papel dos amigos se torna cada vez mais importante, até a vida adulta. São os verdadeiros amigos que tornam a vida suportável em tempos difíceis, e ainda mais feliz em tempos de bonança.

Vamos lá. Responda sem hesitação. A sua menina sabe fazer amigos?

(Marque as afirmativas que mais se aproximam da realidade.)

- ☐ 1. Uma solitária completa. Na verdade, não se interessa.
- ☐ 2. Ela faz amigos, mas frequentemente acaba em lágrimas. Acho que tem um bocado a aprender.
- ☐ 3. Razoavelmente. Com alguns acidentes.
- ☐ 4. Ela faz e mantém amizades íntimas.
- ☐ 5. Ela se dá bem com todo mundo.

As garotas variam naturalmente de temperamento, e é importante não forçá-las a serem sociáveis. Algumas ficam bem sozinhas ou com apenas uma companhia; outras só se sentem bem em grupos barulhentos. Algumas são líderes naturais; outras preferem seguir a liderança. Mesmo as meninas mais tímidas precisam adquirir habilidades pessoais para conviver em harmonia, e o prazer de estar com alguém frequentemente cresce quando se sabe como funciona. A sua função é de *coach*. Em geral, trata-se de encontrar o equilíbrio. Caso ela seja muito mandona, submissa, insensível, sensível, crédula ou desconfiada, talvez precise da sua ajuda para encontrar o meio-termo.

Pense no assunto e converse com a sua filha. Pergunte sobre suas experiências. Ela gostaria de fazer mais amigos ou de ter amigos diferentes? Ou está satisfeita com os amigos atuais? Se ela é um pouco briguenta ou ainda está aprendendo a fazer amigos, ofereça oportunidades: visite famílias nas quais haja crianças da idade dela, junte-se a outras mães ou incentive a participação em grupos de atividades de pouca pressão e muito prazer.

DE 5 A 10 ANOS

Desde o primeiro dia em que a filha ingressa na educação infantil, papais e mamães esperam que ela faça e mantenha boas amizades. Na realidade, porém, dramas sempre acontecem. Nas meninas, a amizade causa muita angústia – uma palavra que parece criada para as adolescentes! A boa notícia é que esses dramas servem de aprendizagem, desde que você esteja por perto quando as coisas ficarem difíceis demais.

No excelente livro *Best friends, worst enemies* (Melhores amigos, piores inimigos), o psicólogo Michel Thompson lista sete importantes habilidades que compõem a capacidade de fazer amigos. A lista, que considero brilhante, é esta:

1. Adotar uma visão positiva da amizade. (Considerar as amizades valiosas e divertidas.)
2. Compartilhar e esperar a vez. (Essencial na maior parte dos jogos e atividades.)
3. Sentir pelos outros. (Ser altruísta e cuidar do bem-estar dos amigos.)
4. Controlar a agressividade. (Não descontar nos outros a raiva, a frustração ou a tristeza.)
5. Pedir desculpas sinceramente. (Admitir que errou.)
6. Perceber emoções. (Observar a expressão e o comportamento dos outros e concluir como se sentem.)
7. Confiar com cautela. (Confiar com discernimento, sem ingenuidade.)

Você vai ver que, nessa lista, muitas habilidades exigem bastante maturidade, mas são elas que formam a base dos bons relacionamentos.

Vamos usar a lista como ponto de partida para verificar a atual situação da sua filha.

Marque os itens em que ela se sai bem, ponha um ponto de interrogação naqueles em que é razoavelmente boa e deixe em branco as habilidades que ela ainda não possui.

- ☐ 1. Ela gosta dos amigos, dá valor a eles e se diverte na companhia deles.
- ☐ 2. Ela sabe compartilhar e esperar a vez.
- ☐ 3. Ela se preocupa com outras crianças, e não apenas com ela mesma.
- ☐ 4. Ela se controla quando está zangada. Não bate nem usa palavras ásperas.
- ☐ 5. Quando faz alguma coisa errada, ela pede desculpas sinceramente.
- ☐ 6. Ela percebe os sentimentos dos amigos e dá importância a eles.
- ☐ 7. Ela não é ingênua. Confia com cautela. Marque o que mais se aproxima.

   ☐ Confiante demais.
   ☐ Confiante na medida certa.
   ☐ Reservada e desconfiada demais.

Com base nos itens marcados, é possível identificar os aspectos que ela ainda não domina. Não se preocupe. Mesmo entre garotas de 16 anos, existem falhas. Ao conhecer suas vulnerabilidades, você vai saber o que fazer quando ela vier pedir ajuda.

Acho que minha filha precisa aprender a

....

....

A SUA PRIMEIRA TAREFA – ESTAR À DISPOSIÇÃO

Os problemas entre a sua filha e as amizades dela vão ocorrer, na maior parte das vezes, longe de você – na escola, nos esportes e assim por diante. São lugares onde você não pode estar para consertar ou controlar as coisas, por mais que queira. O seu papel é de *coach*.

Isso significa fazer com que ela saiba que você se importa e está disponível. Seja aquele tipo de pessoa com quem ela pode conversar. Trata-se de um equilíbrio difícil. Conheci uma mãe tão ansiosa que vivia interrogando a filha, para em seguida interferir de maneira insuportável. A garota foi se isolando e, logo que teve idade para isso, engajou-se em um trabalho voluntário na Floresta Amazônica. Foi para bem longe, em busca de espaço!

O mais comum, porém, é o contrário. Pais e mães andam tão ocupados que simplesmente desconhecem o que se passa na vida dos filhos. Ou talvez tenham um filho que atraia todas as atenções. Qualquer que seja a razão, as consequências podem ser terríveis. Certa vez, fui chamado a uma escola onde uma aluna tinha cometido suicídio. Aquela morte, uma entre vários episódios recentes na cidade, havia interrompido lindas vidas, abalando a comunidade. A jovem de 15 anos tinha sofrido bullying pesadíssimo de outras garotas, sobretudo pela internet. Ela passava muito tempo on-line, e os pais, ocupados com os próprios problemas, não faziam a menor ideia do que acontecia. Essas tragédias felizmente são raras, mas crianças que sufocam as pressões não são. Às vezes, as pessoas simplesmente se enganam. Pensam que os adolescentes precisam de espaço e devem ser deixados em paz. Não é assim. Na adolescência, embora os jovens fiquem mais independentes, precisam retornar com frequência ao "colo" da mãe e deixá-la a par do que acontece. Portanto, você deve estar lá. Presente, mas sem invadir.

> **Aqui está uma autoavaliação rápida sobre equilíbrio. Pense no papel que exerce atualmente para a sua filha.**
>
> Marque a afirmativa que melhor descreve o seu envolvimento.
>
> ☐ 1. Atropelo, invasão e excesso de envolvimento.
>
> ☐ 2. Ligeiro excesso de envolvimento.
>
> ☐ 3. Presente com discrição e disponível.
>
> ☐ 4. Eu me preocupo, mas tenho muitos afazeres.
>
> ☐ 5. Não disponho de tempo para saber o que acontece no mundo dela. Não é problema meu.

Surpresa: ninguém marca o primeiro nem o último item. Pouca gente seria capaz de admitir aquelas situações. (Ou, quem sabe, as pessoas não percebam o que acontece com elas.) Então, se você marcou os itens 2 ou 4, precisa buscar o equilíbrio.

Caso chegue à conclusão de que se envolve demais, deve deixar que a sua filha tenha mais iniciativa. Seja firme com você: "Não preciso ficar interrogando. Se houver algum problema, ela vai me contar. Minha tarefa é relaxar e estar disponível, para que ela fale comigo no devido tempo."

Lembre que a vida é dela, e não sua. Pode ser que você tenha se dedicado tanto que sente dificuldade em recuar. Ou talvez não tenha outros interesses. À medida que os filhos se tornam independentes, é importante buscar a própria independência e atividades só suas.

Pais e mães que invadem a vida dos filhos frequentemente ouvem de terapeutas perguntas sobre a possibilidade de estarem compensando a própria solidão. Ou talvez a culpa por não terem atendido todas as necessidades dos filhos. Embora permaneçam no inconsciente, memórias da infância também podem contribuir. A identificação dessas lembranças frequentemente basta para que sejam liberadas e deixem de afetar o relacionamento. Emoções ou reações desproporcionais aos acontecimentos são sinais importantes. Claro que comentários dos amigos ou dos filhos – "Você está fazendo tempestade em copo d'água!" – também servem de alerta. A ajuda de um profissional pode ser útil.

Se você marcou a opção 4, não é preciso recorrer à ciência espacial para decidir o que fazer. De qual atividade seria capaz de abrir mão, caso houvesse o risco de prejudicar para sempre a saúde mental da sua filha?

> "Não me lembro de ter conversado uma vez sequer com pai e mãe sobre a minha vida. Mau comportamento, brigas, arrumação da casa, tudo era motivo para eles gritarem comigo e com as minhas irmãs. E estavam sempre ocupados. Não me lembro de uma vez só, durante toda a infância, em que meu pai ou minha mãe perguntassem como foi o meu dia e como estava a minha vida. Conversas, então, nem pensar. Não me sentia uma pessoa. Eles me davam um teto. Mais nada.
>
> *Ali, 52*

Ela vai procurar você

Veja uma cena ao fim da tarde ou cair da noite. No mundo social da sua filha aconteceu alguma coisa que a deixou aborrecida. (Para algumas garotas, isso acontece pelo menos uma vez por semana.)

Se vocês têm um relacionamento próximo, ela vem procurar ajuda. Vai atravessar a cozinha ou a sala e sondar a sua disposição. Caso perceba sinais de estresse ou sinta que você não tem condições para ouvir os problemas dela, e não sendo caso de vida ou morte, ela vai se afastar para não incomodar, e tentará resolver sozinha. Embora seja uma atitude admirável, pode ser que os problemas comecem a se acumular.

Digamos que exatamente naquele momento você esteja em dedicação total a determinada tarefa. Nesse caso, vai precisar lançar mão da habilidade parental número 17: fingir que dispõe de todo o tempo do mundo. Assim, ela vai conversar enquanto você trabalha de casa, prepara uma refeição, separa a roupa a ser lavada ou tira os sapatos enlameados de uma criança menor.

A filha é mais importante do que as tarefas. Claro que, se você a conhece bem, pode reservar tempo, pedir a ela que espere ou puxar conversa durante o trajeto de casa para a escola.

A melhor maneira é que você e a sua filha tenham um tempo todos os dias. Assim, ela pode guardar as preocupações para esse momento. Porém, se a garota pedir ajuda, é melhor atender de imediato, ainda que brevemente.

Imperturbável

Eis aqui uma informação útil. Durante cerca de 90% do tempo, o nível de ansiedade da menina será mais alto do que o necessário. Isso acontece porque, da posição dela, o problema é grande, mas com o distanciamento proporcionado pela idade e pela experiência dá para perceber que se trata apenas de um aprendizado a respeito da vida. Claro que você nunca deve dizer isso. Basta manter a calma e deixar que ela fale. Cabe aos pais serem menos estressados que os filhos. Embora às vezes aconteça exatamente o contrário.

Cabe aos pais serem menos estressados que os filhos.

Como se faz

Quando a menina nos procura para falar das dores da amizade, é importante acalmar as coisas. Primeiro, temos de mostrar que nos importamos, confirmando ativamente o que ela disser. "Uau, você ficou aborrecida?" Ao fazer essa confirmação e resumir a história, você mostra que entendeu e embarca em uma jornada pelo mundo dela.

Antes de propor uma solução, dedique sempre alguns minutos a entrar no problema e absorver os sentimentos da sua menina. Assim que ela estiver um pouco mais calma, pense qual das sete habilidades para fazer amigos se aplica ao caso.

Talvez ela esteja descobrindo que Zara, sua melhor amiga, não é boa na habilidade número três – preocupar-se com os sentimentos alheios. Ela talvez queira reavaliar a relação de amizade. Pode ser que precise mais da sétima habilidade, de não ser sempre tão ingênua e saber que um pouco de cautela não faz mal a ninguém. Algumas crianças simplesmente não são muito constantes. Depois de aprender a avaliar o caráter das pessoas, a sua filha vai entender que o problema não é ela. Essa conclusão é muito importante. Converse e acompanhe o desenrolar dos acontecimentos. Os problemas frequentemente desaparecem em um ou dois dias. Ela segue adiante e não precisa lembrar os maus momentos. Com um pouco de descontração, você a ajuda a ser menos intensa. Mas fique de olho, em especial no estado de espírito dela. As crianças não se aborrecem sem razão.

Quando a conversa segue esse tipo de estrutura – ouvir, explorar, analisar, a menina aos poucos relaxa e se acalma. No dia seguinte, confirme se está tudo bem, mas esteja preparado para descobrir que o assunto ficou velho ou foi substituído por outro!

AMIGAS IOIÔ

Em seu excelente livro, embora obsessivamente detalhado, *Little Girls Can Be Mean* (*Garotinhas podem ser malvadas*, em tradução livre),

Michelle Anthony e Renya Lindert apresentam ideias ótimas sobre amizade, no que se refere a meninas com menos de 8 anos.

Um tropeço comum no mundo social da sua filha é a amiga ioiô.

Amigas ioiô são garotas que demonstram forte amizade pela sua filha e, de repente, passam a tratá-la mal. Então, quando ela fica triste e confusa, voltam ao comportamento anterior.

Os autores sugerem que essa atitude representa certo tipo de distúrbio, uma vez que as demonstrações de amizade são claramente falsas e manipuladoras. Se a sua filha parece ter encontrado uma amiga assim, considero válido conceder o benefício da dúvida na primeira vez e aceitar. Mas, se acontecer de novo, é hora de recuar e buscar novas amizades.

Nesta idade, costuma ser bom ter vários amigos. No papel de pai ou mãe, você pode ajudar a formar uma boa base, convidando meninas à sua casa e incentivando a sua filha a receber bem as crianças que possam ser de algum modo excluídas. Algumas garotas mais quietinhas talvez prefiram uma amiga especial, mas a disposição de brincar e trocar com várias crianças (meninas e meninos) reduz os altos e baixos da amizade exclusiva. Além disso, às vezes as crianças precisam descansar umas das outras.

Anthony e Lindert afirmam que até os 8 anos, mais ou menos, a maldade não costuma ser intencional, mas simplesmente o efeito de descuido e imaturidade. Crianças pequenas nem sempre entendem as consequências de seus atos. A partir daí, porém, a maldade é mais intencional; as crianças sabem o que fazem. Então, é importante trabalhar isso, de modo que entendam os resultados de suas atitudes e as vantagens de praticar a gentileza, de não excluir ou ofender. Sempre haverá crianças que magoam e controlam, em geral inseguras e oriundas de famílias pouco amorosas, mas em sua maioria elas aprendem a sentir empatia e tratar os outros como gostam de ser tratadas. Se você puder ajudar a sua filha a fazer isso, ela estará no caminho de tornar-se um ser humano maravilhoso.

BULLYING

Pesquisas demonstram que os garotos praticam mais o bullying físico – bater, agarrar, empurrar, quebrar os pertences, tomar o dinheiro do lanche e assim por diante. Trata-se de uma situação terrível, geralmente em grupo e voltada contra meninas ou meninos menores. As garotas praticam mais o bullying relacional – excluir uma do grupo, criar apelidos, usar de ironia, espalhar boatos. Claro que a internet e as mídias sociais ampliam o problema, que pode atacar vinte e quatro horas por dia. O bullying relacional é igualmente danoso à saúde e à felicidade, e em casos extremos pode levar a vítima à automutilação e ao suicídio.

Às vezes, é suficiente conversar com a menina sobre responder, ignorar ou reagir. No entanto, se a situação se prolongar ou tiver consequências, o professor ou a escola devem interferir. A maioria das escolas aborda a questão em sala de aula e confere a toda a equipe a responsabilidade de tomar providências. Boa parte da força do bullying se perde quando o assunto é tratado às claras, por seu verdadeiro nome. Cabe aos adultos, no ambiente escolar, em especial, promover discussões e agir. Em geral, as crianças que intimidam outras são muito agitadas e têm uma história de negligência em casa. Isso deve ser investigado, de modo que se possa trabalhar o comportamento. Não há como assistir a tudo passivamente. Se nenhuma providência for tomada, mude de escola. Nenhuma criança deve ser forçada a suportar crueldade ou intimidação no seu dia a dia.

É natural e apropriado sentir raiva e vontade de proteger, quando você sabe que a sua criança sofre bullying. É natural também a disposição de agir. Tenha cuidado, porém. Atitudes tomadas sob emoção frequentemente pioram as coisas. Você precisa agir com calma e firmeza. É interessante conversar com alguém ou buscar aconselhamento, para resolver as questões ligadas ao assunto que vêm da sua infância. Assim, poderá ajudar efetivamente e se sentirá bem por ter agido corretamente.

Bullying e você

Você sofreu bullying quando criança?

- ☐ 1. Muito raramente.
- ☐ 2. Ocasionalmente.
- ☐ 3. Em uma fase.
- ☐ 4. Frequentemente, durante toda a infância.

Quem fazia isso?

- ☐ 1. Crianças na escola?
- ☐ 2. Irmãos?
- ☐ 3. Crianças na escola e irmãos?

Quando pensa nisso, como se sente hoje?

- ☐ 1. Só de lembrar, a ansiedade faz o seu coração bater mais forte.
- ☐ 2. O seu corpo apresenta fortes sensações físicas, como aperto no estômago ou tensão nos músculos.
- ☐ 3. Eu me sinto bem. Já superei.

A escola da sua filha lida efetivamente com o bullying?

☐ Sim   ☐ Na maior parte das vezes   ☐ Não

(Por exemplo: O assunto bullying é tratado em sala de aula? Existem orientações claras quanto a quem procurar? Há uma cultura de comentar o assunto? Os casos são tratados adequadamente, de modo que intimidador e vítima sejam ajudados?)

MUITA PRESSÃO
MUITO CEDO

Existe uma razão mais séria para as coisas desandarem no mundo das meninas, e tem a ver com os valores que nos rodeiam. Se viver é competir – a mais bonita, mais legal, mais popular, mais atlética ou melhor aluna, o mundo é um lugar terrível para nossas filhas. Não há meio de a garota relaxar para ser quem é e encontrar um caminho só dela. Além disso, rivais nunca são verdadeiramente amigos.

Não esqueça e lembre sempre a ela que pessoas felizes não se preocupam em competir; preferem fazer o que gostam, ser quem querem ser, construir amizades e divertir-se. Em muitas escolas, formam-se subgrupos de crianças individualistas e rebeldes que às vezes parecem atraentes.

Grupos formados por crianças da mesma idade que se mantêm por longos períodos não representam um fenômeno natural, e frequentemente tornam-se disfuncionais. Precisamos de mais tias, de crianças mais velhas, de amigos de todas as idades, e de mais conexão entre crianças e adultos, para reduzir a importância do grupo. A terapia familiar toma como regra que os jovens mais influenciados pelo grupo são aqueles que menos se identificam com o pai ou a mãe – o que for do mesmo sexo. Assim, a menina que tem pouca ligação com a mãe procura a companhia de colegas não preparadas a oferecer apoio. Claro que no final da adolescência há um movimento natural no sentido de pertencer a um grupo, o que faz parte do crescimento. O mesmo não se aplica a crianças de 5 a 14 anos. A proximidade de pai e mãe funciona como porto seguro. Atividades e interesses que reúnam pessoas de várias idades podem servir como catalisador do senso de singularidade e importância. Vamos falar disso no sétimo capítulo.

FAZER AMIGOS

SERÁ QUE MINHA FILHA TEM A SÍNDROME DE ASPERGER?

Quase todo mundo já ouviu falar da Síndrome de Asperger, que se inclui no espectro do autismo e descreve indivíduos de grande inteligência que funcionam bem, exceto socialmente.

Por muito tempo, autismo e Asperger eram menos frequentemente verificados em meninas. No entanto, pesquisadores concluíram que essas condições foram subdiagnosticadas. Hoje se acredita que as meninas superam melhor as dificuldades sociais, mas fazem um esforço tão intenso que não é raro sofrerem de ansiedade ou depressão aguda. As meninas com Asperger muitas vezes recebem diagnósticos equivocados de desordem de ansiedade ou transtorno obsessivo-compulsivo, quando na verdade se trata de uma resposta a suas dificuldades em compreender situações sociais. Assim, é importante conhecer a versão feminina dos distúrbios do espectro do autismo e oferecer a essas meninas o cuidado e o apoio adequados.

Embora se recomende sempre um diagnóstico profissional, talvez você ache familiares alguns sinais mais óbvios. Dê uma olhada na lista a seguir, mas não esqueça que o autismo varia muito. Nem todas as garotas no espectro são iguais. Talvez seja mais correto chamar de "árvore", em vez de "espectro". Nas meninas, as características descritas na mídia como masculinas não são tão óbvias. Ao que parece, elas enfrentam melhor a situação.

Ninguém me conhece.
As pessoas só conhecem
o meu personagem.

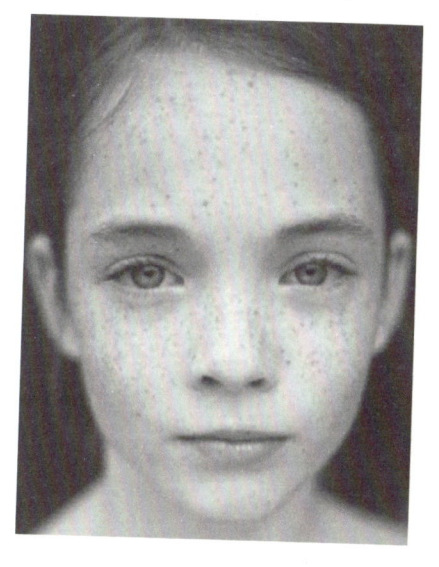

> **Indivíduos com a Síndrome de Asperger frequentemente são inventores, inovadores, aqueles que dizem: "Precisamos de um mundo melhor, mais gentil."**

1. Ela pode ter um modo estranho de fazer contato visual. Em vez de desviar, como os garotos geralmente fazem, sustenta o olhar por mais tempo do que a maioria das pessoas, pois sabe a importância disso.

2. Ela provavelmente será articulada e terá um vasto vocabulário, apesar da fala ligeiramente formal, como uma atriz ou apresentadora de telejornal. Será um pouco intensa, o que não difere muito do modo de falar das garotas de hoje em dia.

3. Ela pode saber muito sobre determinado assunto ou área de interesse, e sentir-se feliz em compartilhar isso. No entanto, como não domina bem a arte da conversa, pode estender-se demais, sem dar ao interlocutor a oportunidade de responder. Isso costuma ficar mais óbvio quando está ansiosa ou na companhia de pessoas recém-conhecidas. Você talvez se preocupe com a possibilidade de que ela venha a monopolizar a conversa. E isso geralmente acontece.

4. Fisicamente, ela pode ser um tanto desajeitada, sem coordenação, a ponto de adquirir um andar meio desengonçado. Mas nem todas as garotas do espectro apresentam essa característica.

5. Finalmente, um traço muito positivo: é bem provável que a menina seja extremamente cuidadosa com os outros, benevolente e generosa, o que pode levar a forte compromisso com a justiça, a causa animal e a proteção das crianças. Será uma amiga, ou filha, leal e generosa. Garotas com Asperger têm muitas características adoráveis.

No entanto, a experiência interior é muito difícil. Muito cedo a menina vai notar que as outras pessoas parecem agir socialmente com facilidade e prazer, enquanto ela fica confusa e tem muitos desencontros no parquinho. Para resolver isso, ela pode observar e tentar imitar a fala, as expressões ou a postura de garotas engraçadas, boas de amizade e liderança. Esse esforço, aliado à sobrecarga sensorial muito frequente em indivíduos do espectro do autismo, leva a crises de ansiedade em muitas situações sociais, sobretudo nas informais ou não estruturadas, como festas, brincadeiras no parquinho e conversas.

Um bom meio de ajudar é entender o que se passa, explicar a situação e dizer o que espera dela, deixando ao mesmo tempo que permaneça na zona de conforto. Se a sua menina com Asperger não quiser conversar com as visitas ou ser a alegria da festa, diga que não há problema e deixe-a quietinha pelo tempo que for preciso. Ela talvez não saiba que é ótimo dar respostas curtas, sorrir, fazer um gesto e ouvir. Saber disso pode reduzir em muito sua ansiedade.

Apoio, exercícios de relaxamento contra o estresse, conselhos de alguém com a mesma condição ou com experiência no assunto também ajudam. Feito o diagnóstico, os resultados são bons, pois os portadores da Síndrome de Asperger continuam a aprender pela vida toda, desde que recebam tratamento adequado. As terapias geralmente úteis a pacientes neurológicos não costumam funcionar.

Portanto, cabe ao mundo apreciar e aceitar o fato de que as pessoas não são iguais. Indivíduos com a Síndrome de Asperger frequentemente são inventores, inovadores, aqueles que dizem: "Precisamos de um mundo melhor, mais gentil." Valorize a sua menina de Asperger; ela tem muito a dar e receber.

Fazer amigos

Em poucas palavras

- Amizade é uma coisa complicada, e os primeiros anos da vida escolar representam o período no qual mais se aprende sobre isso.

- Essa habilidade inclui valorizar os amigos, compartilhar, dar importância aos outros, controlar a raiva, pedir desculpas, sentir empatia e aprender quando se deve confiar.

- Quando nossas filhas chegam em casa com as "angústias da amizade", precisamos atuar como ouvintes: escutar e, às vezes, oferecer sugestões e ajudar a entender quais das sete habilidades se aplicam.

- Entre as meninas, o bullying não costuma ser físico. Porém, o bullying relacional pode ser ainda mais danoso. Se prosseguir, peça a interferência da escola.

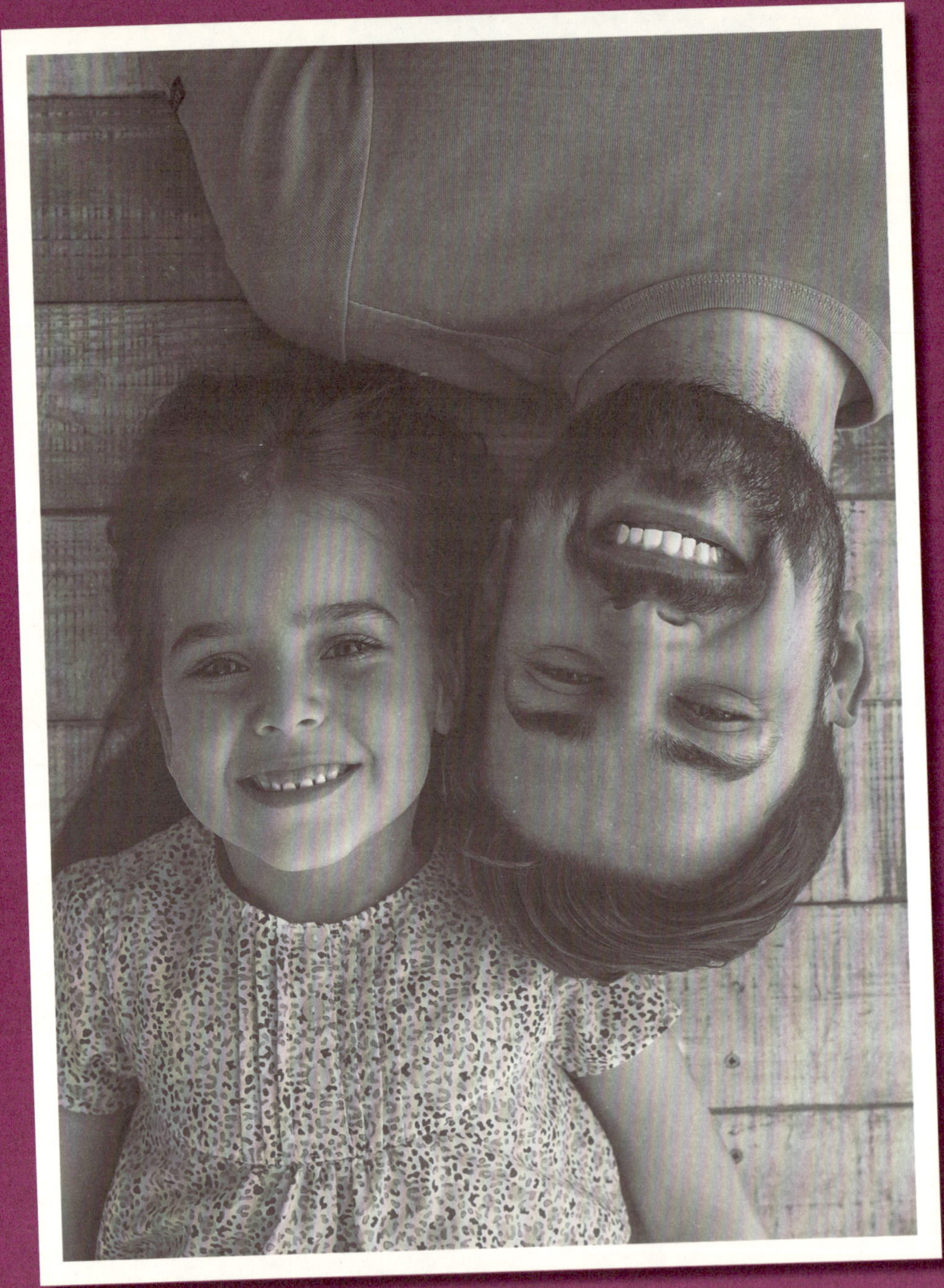

Capítulo Quatro

O amor e o respeito do pai

> **"** O pai que é capaz de demonstrar carinho faz muita diferença na vida da filha. Trata-se de uma curva de aprendizagem, pois o mundo dela é muito diferente. Mas existem alguns segredos que facilitam bastante as coisas. **"**

Em resumo: a figura paterna realmente importa para as filhas. Amor de pai e mãe, que demonstram seu afeto, provoca uma sensação maravilhosa. Mas não é só isso. O pai é diferente. Grande, peludo, interessante e interessado em coisas às quais a mamãe não dá importância. E, por ser a primeira presença masculina na vida da filha, representa o que ela pode esperar dos homens em geral. (Não pressione, portanto.) Além disso, toda menina tem um lado masculino, ao qual ela incorpora o pai. Com a combinação de qualidades do pai e da mãe ela cria a pessoa que quer ser quando crescer.

Uma vez que 90% das garotas, pelo menos, vão se interessar por um parceiro do gênero masculino, o pai serve de modelo. Se ele não tem comportamento agressivo – pelo contrário, é gentil, atencioso, respeita a mulher, reserva tempo para estar com ela –, passa a servir de ponto de referência para todos os seus futuros relacionamentos com garotos e homens. Ela não vai se contentar com menos. Segundo pesquisas, um pai carinhoso funciona como importante fator de proteção contra a dependência de drogas e álcool, e está ligado a bons resultados nos estudos, sucesso na carreira e autoestima. A lista é impressionante.

O pai de hoje é muito diferente do pai de ontem. Antigamente, era comum o pai distante, ocupado demais, que gritava muito e fazia medo aos filhos. Muitas meninas passaram por isso. Atualmente, as coisas estão realmente mudando. Este capítulo vai mostrar como ser o tipo de pai que as filhas amam e levam para sempre como fonte de força e vida.

> " Sempre acreditei que fosse um bom pai, porque trabalhava muito para sustentar a família. Pensei que um pai só tivesse isso a fazer. Minha filha me mostrou que não é verdade. O que as filhas mais querem é nosso tempo.
>
> *Noel, 47*

> Relaxe, em especial se tem planos ambiciosos. As coisas nunca dão certo! Eu e minha filha de 2 anos tínhamos combinado uma atividade de canoagem, mas a garotinha simplesmente não quis entrar na canoa. Depois de tanto trabalho! O meu eu antigo diria assim: 'Você não merece coisas boas, criança ingrata! Quem manda sou eu!'. O meu eu novo, mais experiente, leva em consideração o ponto de vista do outro; talvez ela estivesse assustada. E a ideia não era assim tão boa, afinal. Então, ficamos andando à toa pela praia, e ela adorou.
>
> *Folarin, 35*

> Você aprende a relaxar. Esse é quase sempre o segredo da felicidade. Você dá um brinquedo à criança, e ela brinca com a caixa. Bem assim!
>
> *Edward, 52*

VOCÊ E O SEU PAI

Esta é a história. Sou o líder de um seminário com um grupo de pais, em Londres. Eles vêm de todas as regiões do país, para um dia de curso intensivo sobre criação de filhas. À tarde, assistimos a um vídeo sobre paternidade que inclui entrevistas com meninas falando sobre seus papais.

Duas irmãs no final da adolescência falam sobre o pai. A primeira diz: "Sou uma garota ativa! Gosto de atividade física, esporte, dança, ar livre. Papai estava sempre disponível e interessado em me acompanhar nessas coisas. Mesmo quando não conseguia praticar, como a dança, ele assistia, por saber que era importante para mim."

Agora, fala a irmã: "Sou totalmente diferente. O que mais me importou sempre foi o afeto. Eu precisava de muita segurança. Sabia que papai viria correndo, se eu precisasse. Quando pequenina, adorava sentar em seus joelhos, e ele nunca me afastou nem disse que estava com pressa. Jamais me senti um estorvo."

Quando o vídeo terminou e as luzes se acenderam, reparei um fato interessante. Quase todas as mulheres estavam em silêncio, e muitas delas tinham lágrimas nos olhos. Então eu quis saber o porquê daquela reação. Choveram comentários, com dois tipos de relatos. A metade, mais ou menos, estava emocionada por lembrar do próprio pai, a relação próxima e especial que tinham com ele. Elas recordavam o amor que sentiam.

Na outra metade, porém, a situação era diferente. Elas estavam tristes pelo que o pai não havia sido. Ao ouvirem os depoimentos daquelas jovens, tiveram plena consciência do que queriam, mas não tiveram.

Um grande benefício daquela discussão foi os homens presentes perceberem claramente a importância do comportamento e das atitudes do pai, ainda que se passem muitos anos. Naquele dia, muitos deles decidiram se aproximar mais das filhas.

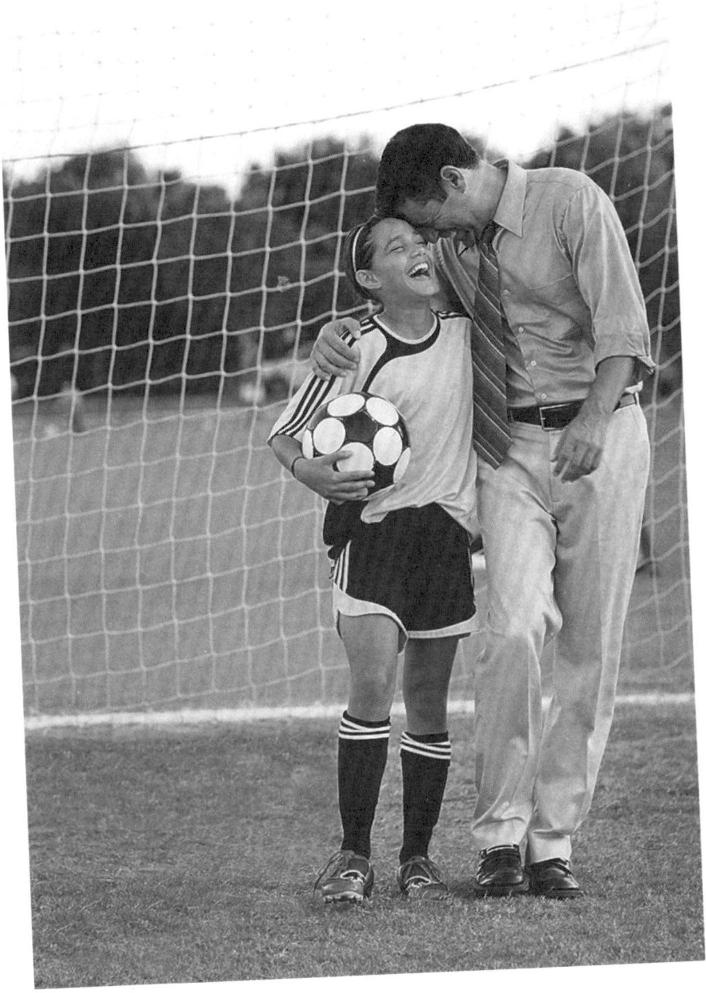

Se você é pai

Que tipo de exemplo foi o seu pai, na sua infância e juventude?
(Pode marcar mais de uma opção.)

☐ 1. Meu pai não convivia comigo. Na verdade, não o conheço.

☐ 2. Meu pai era distante e frio. Guardava as emoções para si e não demonstrava afeto.

☐ 3. Meu pai era bravo e explosivo. Julgava e criticava todo mundo.

☐ 4. Era como se meu pai não existisse. Estava sempre mergulhado em seus problemas. Minha mãe o intimidava, e eu detestava ver aquilo.

☐ 5. Meu pai era atencioso, mas meio estranho. Ainda assim, acho que gostava de mim.

☐ 6. Meu pai era divertido, mas lhe faltava firmeza. Não se podia contar de verdade com ele.

☐ 7. Meu pai era afetuoso, mas avisava quando fazíamos alguma coisa errada. Agia com carinho, mas estabelecia limites.

☐ 8. Sempre me senti seguro e amado. Quero ser tão bom pai quanto ele foi.

O simples fato de pensar no assunto traz sentimentos e lembranças. Se você teve um bom pai, isso ajuda. Se não, é importante saber que você pode ser *diferente* dele.

O resultado leva naturalmente à próxima pergunta. Se você quiser ser diferente do seu pai, quais serão as diferenças? (Marque as mais importantes.)

- ☐ mais seguro
- ☐ mais bondoso
- ☐ mais forte
- ☐ mais feliz
- ☐ mais envolvido
- ☐ mais interessado
- ☐ mais confiável
- ☐ mais sensato
- ☐ não abusar de álcool e drogas
- ☐ ser mais presente
- ☐ respeitar os filhos
- ☐ ser melhor em tudo!

Ou, com palavras suas...

....

....

O primeiro passo é decidir como quer ser. O segundo é descobrir como alcançar esse resultado. Os seres humanos aprendem mais quando observam e imitam modelos. Nosso cérebro faz isso muito bem. O melhor é pensar em alguém que possua as qualidades que você admira, para servir de modelo. Quem representa o tipo de pai que você gostaria de ter tido?

Entre os seus amigos e conhecidos, quem é o melhor pai?

....

Ninguém é perfeito, e o homem tem pontos fortes e pontos fracos. Às vezes, é necessária a combinação de vários homens diferentes – a descontração de um, a força de outro, a sinceridade de algum outro. O método costuma funcionar muito bem.

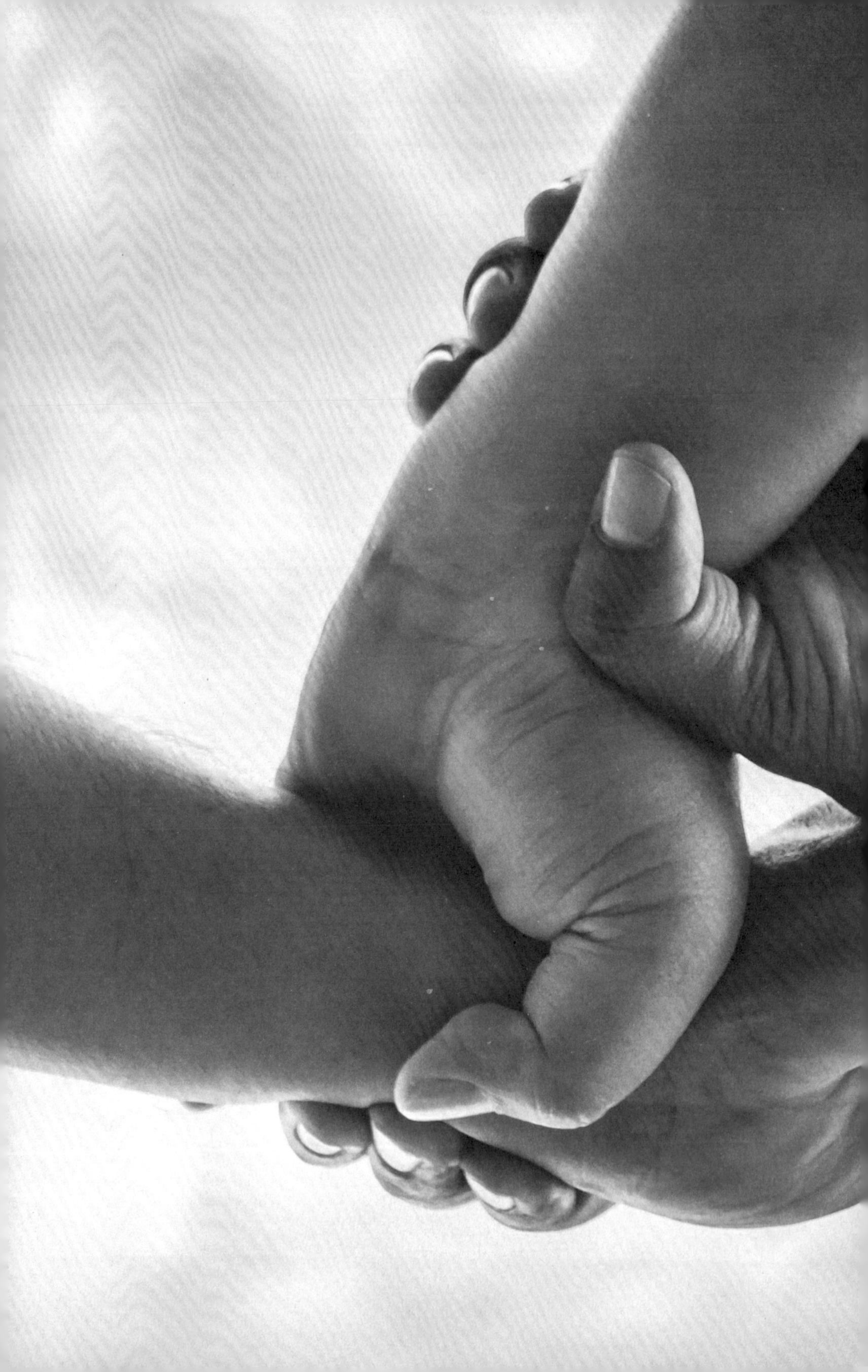

Nós, que somos papais, podemos adotar as qualidades de diferentes homens que conhecemos – a descontração de um, a força de outro, a sinceridade de algum outro.

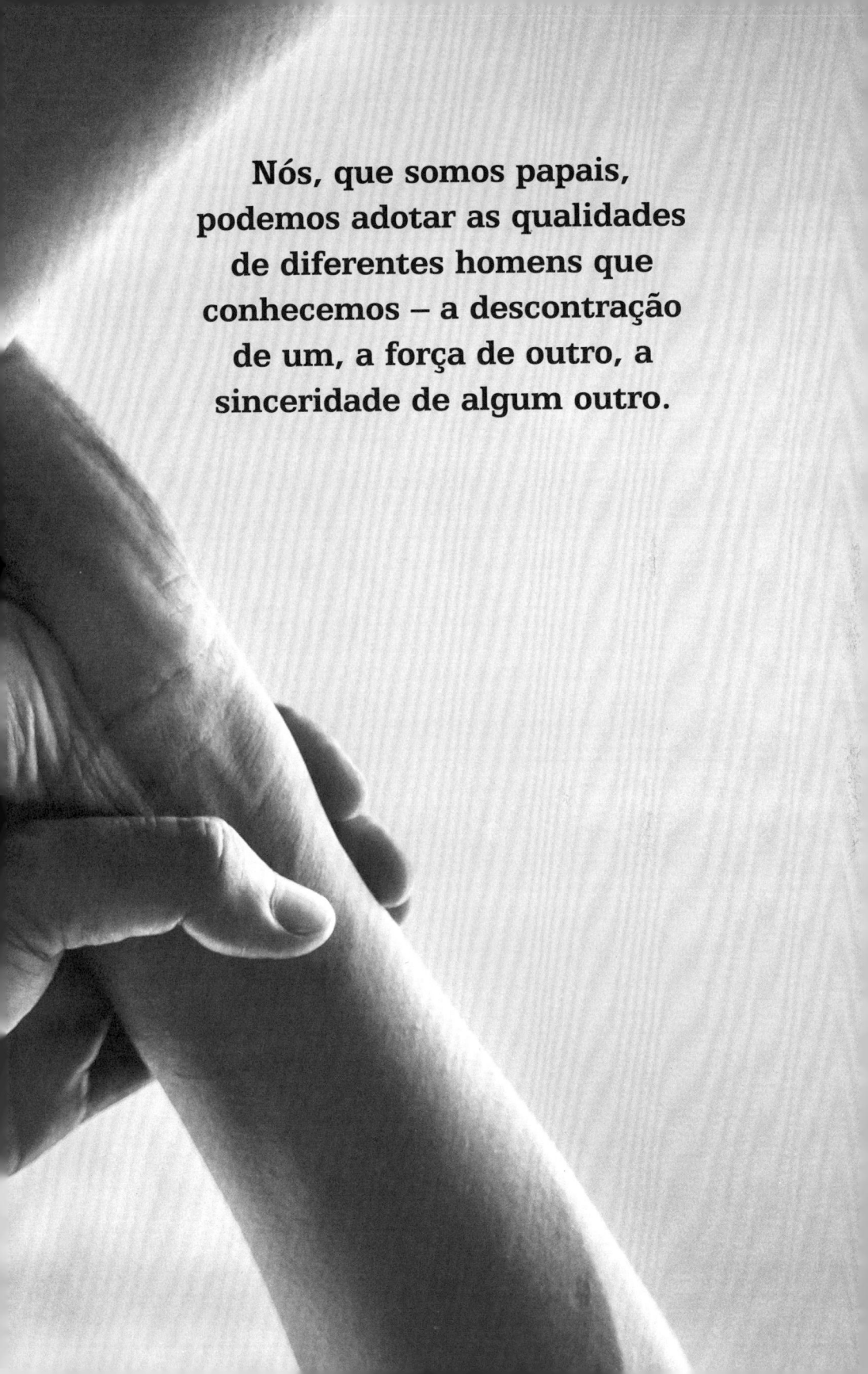

Se você é mãe

Aqui, você vai fazer uma avaliação das experiências que viveu com o seu pai. Muitas mulheres viveram fortes experiências, positivas ou negativas. Trata-se de uma relação importantíssima, que no passado era frequentemente assustadora.

(Marque o que mais se aproxima.)

- [ ] 1. O pior cenário. Não creio que meu pai gostasse de mim. Acho que eu era um estorvo na vida dele.

- [ ] 2. Nunca soube se meu pai me amava ou não. Talvez gostasse de mim, mas não soubesse demonstrar.

- [ ] 3. Meu pai era razoavelmente bom. Sei que ele me amava, mas vivia muito ocupado. Assim, não fomos muito próximos.

- [ ] 4. Meu pai me amava muito e demonstrava isso com atitudes e palavras. Trago esse amor em cada célula do meu corpo. Ele foi um pai maravilhoso.

Se o exercício foi difícil, aceite a nossa solidariedade. De algum modo você superou isso e se preocupa muito com os filhos. Saiba que você é muito importante, e sempre foi. Esperamos que tenha experiências mais adequadas com a figura masculina. Os homens ainda estão aprendendo a ser mais afetuosos. Tomara que você encontre isso.

Como consequência da relação com um pai não muito bom, a mulher pode desvalorizar a importância e o potencial do homem na criação dos filhos. Já pensou nisso?

Você acha que...

(Marque o que mais se aproxima.)

☐ 1. Estou convencida de que os pais não têm muita utilidade e não são necessários.

☐ 2. Eu me casei com um homem, mas não espero que seja um pai participativo. Até acho difícil dividir com ele a criação dos filhos.

☐ 3. Procuro alguém diferente do meu pai. Alguém que seja afetuoso e gentil.

☐ 4. Tive um pai ótimo, e escolhi alguém com as mesmas qualidades.

Caso tenha marcado as opções 1 ou 2, responda: está começando a repensar a sua decisão?

☐ 1. Sim, estou interessada em aumentar a importância do meu parceiro na vida da nossa filha, e quero incentivar isso.

☐ 2. Não. Homem não presta!

O PAI EM PERIGO

Existem várias armadilhas comuns no caminho dos papais. A primeira é o medo da puberdade. Alguns ficam meio sem jeito quando as filhas atingem a puberdade, e reprimem os gestos de carinho, com medo de que seja compreendida uma conotação sexual. Tal preocupação tem seus motivos, mas cuidado para não exagerar. No passado, muitas meninas interpretavam essa súbita frieza como falta de amor ou castigo por alguma coisa errada que tivessem feito. Isso era triste e doloroso. As meninas querem se sentir amadas em qualquer idade. Talvez a sua filha prefira um pouco de privacidade e fique mais recolhida, mas, se ela procurar carinho, não fuja; ela é a mesma menina, e precisa saber que é amada.

A segunda armadilha é o que chamo de tragédia do provedor. O pai frequentemente trabalha muito para ganhar o sustento da família, e assim acredita demonstrar o amor que sente. Acontece que isso não é visto, e os filhos podem pensar que a pressa ou o cansaço do pai significam falta de interesse. O amor não aparece. No entanto, a menina provavelmente trocaria presentes ou dinheiro pela companhia dele. Ela se sentiria mais amada se eles conversassem, jogassem bola ou saíssem juntos para tomar um chocolate quente ou passear com o cachorro.

> Como o pai pertence ao sexo oposto, seus comentários e atitudes têm um forte impacto sobre a filha. Não faça comentários negativos sobre a aparência dela – peso, cabelos, forma física, pele etc. Se fizer isso, corre o risco de ter que vender a casa para pagar a conta do psiquiatra.
>
> *Ian, 46*
>
> Nunca me zanguei com a minha filha, e tem sido bom assim. Talvez algumas meninas precisem ser confrontadas às vezes, mas acredito que tudo deve ocorrer de maneira tranquila, sem ameaças. A raiva sempre torna as coisas piores, e procuro me controlar.
>
> *Mitch, 51*
>
> As meninas possuem audição mais apurada do que os meninos. Por isso, elas detestam gritos. Ficam assustadas e sentem-se inseguras. Use de delicadeza ao falar com elas, e as coisas vão melhorar.
>
> *Peter, 39*

DR. BRUCE ROBINSON

O dr. Bruce Robinson AM é professor de medicina da University of Western Australia (UWA) e fundador do National Centre for Asbestos Related Diseases. Foi seu trabalho com portadores de câncer de pulmão que o levou a incentivar uma paternidade mais participativa e amorosa, reduzindo a distância entre pais e filhos. Assim, ele criou na UWA o Fathering Project, e é autor de três livros: *Daughters and their dads*, *Fathering from the fast lane* e *The blue book of tips for fathers and father-figures* (Filhas e pais, Paternidade na pista de alta velocidade e O livro azul com dicas para pais e figuras masculinas). Você pode ler mais e encontrar mais ideias para os pais em www.thefatheringproject.org.

DEZ ESTRATÉGIAS PARA SER UM PAI LEGAL
(com o professor Bruce Robinson)

Agora, vamos conhecer a sabedoria de um dos pais que mais admiro no mundo (embora saiba que ele ficaria sem graça, caso me ouvisse dizer isso). Já faz tanto tempo que nem lembro quando foi que ficamos amigos. Bruce Robinson é professor de medicina e cirurgião torácico e, depois de ouvir os lamentos de pacientes de câncer acerca da vida, decidiu melhorar as relações entre pais e filhos. Para isso, criou na University of Western Australia o Fathering Project, que modificou a vida de dezenas de milhares de papais. Estas dez estratégias práticas, simples e claras podem fazer o mesmo por você e pela sua filha. Foi o que aconteceu comigo. Aí vão elas:

1. Encontros com o pai

Bruce aprendeu com a experiência que uma das mais simples e poderosas estratégias para promover a ligação entre pais e filhos são encontros regulares. Os filhos se sentem muito valorizados quando o papai dedica seu tempo a um passeio só com eles. Bruce diz que a chave do sucesso está na regra NOANOC (Nenhum Outro Adulto, Nenhuma Outra Criança). Só o papai e um(a) filho(a) de cada vez. Ele e sua mulher fazem isso desde que as crianças eram bem pequenas (encontros com a mamãe e encontros com o papai). Em geral o programa inclui jantar em local escolhido pelas crianças, um filme do agrado delas ou algo similar.

Uma nota de advertência: segundo Bruce me disse, se você pensa que os encontros são uma boa oportunidade de dar "lição de moral" aos filhos, enganou-se. Se tentar isso, eles vão fugir do programa. O sistema só funciona quando o pai ouve o que o filho diz, conversa sobre amigos e procura saber como vão as coisas na escola. Se virar uma inquisição ou uma crítica, não vai dar certo. Torne o encontro leve e amigável. Temas mais sérios, só se a criança puxar o assunto.

2. Viagens com o pai

Em um de seus livros, Bruce escreveu um capítulo sobre pais e filhos em viagem, inclusive viagens a trabalho. Novamente são eventos a dois. Anos atrás, uma sociedade convidou o professor para dar uma palestra.

Na ocasião, o presidente contou emocionado que seu relacionamento com a filha havia se transformado.

Antes da leitura do tal capítulo, eles brigavam o tempo todo. Ele estava desesperado, mas resolveu pôr a ideia em prática, e convidou a jovem para acompanhá-lo em uma viagem a Paris, a fim de assistir a uma conferência. O evento durou cinco dias, mas eles ficaram mais um pouco, apenas como pai e filha.

Na volta, segundo o relato, ela só falava em como a viagem tinha sido especial. Ele a ouviu dizer que foram mesmo os melhores dias da vida dela. Depois de uma pausa, ele completou, com lágrimas nos olhos: "Sabe, Bruce? Foram os melhores dias da minha vida também!"

Há algo de mágico nessas viagens. Mais uma vez entra em vigor a regra NOANOC. Não precisa ser Paris, mas tem de envolver algum esforço. Os dois devem viajar juntos, reservando tempo para fortalecer a ligação. Uma criança ou um jovem que vivam essa experiência jamais vão duvidar do amor do pai.

3. Com criatividade, sempre sobra um tempo para estar com as crianças

É impressionante a frequência com que os homens usam o trabalho como desculpa para não estar com as crianças. Com criatividade, o tempo aparece. O próprio Bruce promoveu uma transformação em seu dia a dia. Depois de sobreviver a um acidente quase fatal, ele decidiu caminhar todas as manhãs, acompanhando as crianças à escola. Assim como acontece em várias situações, ele começou porque achou que devia e acabou gostando.

Existem outros meios de participar da vida escolar das crianças. Alguns homens encerram o dia de trabalho mais cedo para caminhar com os filhos até a praia e tomar um sorvete. É importante também jantar com eles, mantendo a televisão desligada. Segundo Bruce, pesquisas indicam que o risco de abuso de drogas e álcool pelos jovens cai à metade nas famílias que se reúnem para jantar pelo menos quatro vezes por semana. Ele relatou também que as crianças reclamam por jantar com a televisão desligada, mas trinta anos depois, na idade adulta, dizem que guardam as melhores lembranças daqueles momentos.

4. Ajude a sua menina a perceber que é especial

Certa vez, em uma entrevista sobre paternidade, Bruce ouviu David Gower, ex-capitão da equipe inglesa de críquete. Para surpresa do entrevistador, ao ser perguntado sobre o que as filhas precisavam, Gower respondeu: "Elas precisam de ajuda para entender que cada uma é especial." Isso é importantíssimo para toda filha.

Todas as crianças são especiais, e, assim que se convencem disso, muitas coisas acontecem. Elas ficam livres para reconhecer que as outras crianças também são especiais, e não precisa diminuí-las. Além disso, na juventude estão menos propensas a usar drogas, pois reconhecem o próprio valor.

Para que os seus filhos compreendam que são especiais, você precisa descobrir o que há de especial em cada um deles. Podem ser os talentos, a personalidade, as realizações, a generosidade, as decisões e assim por diante. É muito mais eficaz identificar qualidades específicas do que usar frases vazias do tipo "Você é uma criança maravilhosa". Elas percebem logo esse tipo de falsidade.

Mais uma sugestão: ajude os seus filhos e acreditarem que têm um futuro especial. Eles provavelmente não serão famosos, não precisam fazer parte da elite nem estudar medicina, mas têm um futuro maravilhoso que será uma dádiva para o mundo, e você mal pode esperar. Eles estão aí para viver a própria vida, e não a vida sonhada pelo pai ou pela mãe.

Outra maneira de fazer os filhos se sentirem especiais é pedir e valorizar suas opiniões. Pergunte o que pensam sobre política, férias, esportes ou as últimas notícias. Evite comparar os seus filhos com outras crianças, da família ou de fora.

5. Ouça com atenção

Quando Bruce perguntou aos papais da plateia se sabiam ouvir, 98% não ergueram as mãos. Eles sabem que não são bons nisso. É difícil para os homens resistirem ao impulso de interferir, resolver os problemas dos filhos, dizer o que devem fazer ou criticá-los. Essas atitudes geralmente resultam do amor; temos medo de que tomem a decisão errada e o conserto fique por nossa conta. Tal abordagem quase nunca funciona.

Como consequência, os filhos, principalmente os adolescentes, deixam de fazer revelações aos pais, por medo da lição de moral que virá depois. O próprio Bruce admite não ser naturalmente um bom ouvinte, mas garante ter aprendido a manter a boca fechada enquanto escuta o que os filhos dizem.

Ele sugere duas estratégias úteis. Primeiro, não assuma o papel de mecânico ou policial. O mecânico conserta, você não precisa fazer isso, e o policial julga e prende. Evite essas atitudes.

Segundo, lembre a palavra bumerangue. Em conversa, muita gente pega a palavra de volta, como um bumerangue.

Assim, quando um adolescente comenta, por exemplo, a dificuldade em resistir às pressões de colegas para que beba, fume ou use droga durante uma festa, é fácil o adulto tomar a palavra e dizer: "Quando eu era da sua idade..." Claro que é importante discutir as suas experiências em determinada fase, mas é muito mais eficaz deixar que o jovem fale. E não permita que os sentimentos atrapalhem. Pai e mãe geralmente se assustam quando o assunto são as drogas. No entanto, entrar em pânico não ajuda em nada.

6. Mobilize-se para a Guerra dos Valores.

Os jovens sofrem fortes pressões de várias fontes – televisão, cinema, revistas, amigos – para adotarem valores diferentes dos nossos. O pai tem muita força quando se trata de incutir valores nos filhos, inclusive em relação à sexualidade. No entanto, se não servirmos de modelo nem discutirmos o assunto, eles ficarão vulneráveis àquelas pressões.

Fale de modo específico quando tratar de integridade, confiança, honestidade, respeito pelos outros e generosidade com os pobres. O melhor é servir de modelo, fazendo com que tais valores se reflitam nas suas atitudes diante de vizinhos, imigrantes, deficientes, pessoas obesas ou extravagantes. As crianças observam e aprendem, e esse aprendizado se reflete no relacionamento com outras crianças, na escola, por exemplo.

Bruce ainda se surpreende com a quantidade de papais que não conversam sobre sexualidade com os filhos e as filhas. Claro que as crianças ficam embaraçadas e dizem não ter dúvidas. Mas você também não ficaria sem jeito, se soubesse que o seu pai vai falar de sexo?

Ele recomenda um truque. Fale assim: "Sei que você já sabe de tudo, mas li em um livro sobre educação que devo conversar sobre o assunto. Vou ficar mal, se não conversarmos. Então, pode fazer o favor de me ouvir?" Costuma dar certo. (No sétimo capítulo há sugestões sobre o que dizer.) Não basta descrever o corpo humano. Com adolescentes, há outros aspectos a considerar. A importância do consentimento, de esperar a hora certa, de conhecer a pessoa o bastante para confiar. De não ferir sentimentos. De prevenir gravidez e doenças. De só fazer sexo quando estiver bem, e não por ter bebido, para ceder a pressões ou agradar a alguém. Eles podem até não seguir os conselhos, mas certamente vão pensar no assunto.

7. Não presuma que os seus filhos não correm o risco da dependência de drogas

Todos os pais e mães se assustam com a possibilidade de seus filhos cederem ao abuso de substâncias químicas. As drogas estão aí, e são oferecidas agressivamente por indivíduos que precisam de dinheiro para sustentar o vício. Se você não se envolver, ajudando os seus filhos a resistir, estará oferecendo ao traficante uma dose grátis.

Tome consciência da presença das drogas e dos riscos que representam. Pergunte aos seus filhos quais são as recompensas pessoais e sociais que eles e os amigos obtêm ao usar drogas, ou seja, reconheça que as pessoas têm razões para isso. Converse sobre a pressão do grupo. E, ao conversar, não se esqueça de ouvir o que eles têm a dizer.

É melhor ainda se você abrir a sua casa para os amigos deles, para conhecê-los melhor, e vai ver que muitos são solitários, ansiosos por uma figura paterna. Uma boa ideia é ensinar aos jovens algumas frases para serem usadas quando alguém oferecer drogas nas festinhas. Diga que evitem fazer comentários do tipo "Droga faz mal". São mais eficazes as desculpas como "Melhor não; vou jogar futebol amanhã de manhã" ou "Não dá; eu trabalho amanhã cedo".

Bruce sempre volta ao princípio de que, se você estabelece um bom relacionamento com a sua criança desde muito pequenina, a chance de que ela venha mais tarde a ser dependente de drogas cai vertiginosamente. Vale a pena lembrar que um bom relacionamento envolve ouvir, divertir-se, ajudar as crianças a se sentirem especiais, corrigir sem exageros. Pesquisas sugerem que o fator mais comumente relacionado ao abuso de substâncias não é a ausência da figura paterna, mas a presença de um pai rígido e crítico demais, que faz os filhos se sentirem desvalorizados.

Caso descubra que o seu filho, ou filha, usa drogas, não se desespere. O Fathering Project sugere uma fala para os papais usarem ao disciplinar os filhos: "Estou desapontado, mas acredito em você e sei que é capaz de fazer melhor. Vamos trabalhar isso juntos." Esse discurso poderoso fortalece a autoimagem e favorece a probabilidade de superação dos tempos difíceis.

**Regra NOANOC
Nenhum Outro
Adulto,
Nenhuma Outra
Criança.
Somente papai e
uma criança de
cada vez.**

8. Participe da educação da sua menina

Meninos e meninas precisam saber que você valoriza a educação. De vez em quando (ou mais frequentemente, se eles quiserem assim), sente-se ao lado deles enquanto fazem as tarefas escolares. Desde bem cedo, leve-os a museus e bibliotecas públicas, para estimular sua curiosidade. Uma boa ideia é, na volta, conversar sobre o passeio e perguntar de que mais gostaram.

Outra boa ideia de Bruce é estabelecer um horário em que a família desliga a televisão e se reúne para ler, e que recebeu o nome de FART (Family Altogether Reading Time). As crianças adoram o nome (Fart significa peido, em inglês).

A sua atitude em relação à escola e aos professores influencia fortemente a atitude dos seus filhos em relação ao estudo. Tempos atrás, Bruce reclamava dos professores dos filhos. Concluiu, então, que seria muito mais proveitoso agradecer pelo trabalho deles e perguntar como poderia ajudar. Os pais que participam da vida escolar dos filhos constroem uma ponte e favorecem o gosto deles pelo estudo.

9. Entenda que meninas e meninos são diferentes

O Fathering Project perguntou a mais de 3 mil papais o que seus filhos e filhas poderiam precisar receber deles. Descobriu que menos de 1% conseguiu responder. Se pensarmos na forte influência do pai na vida da filha, o dado é assustador.

Bruce afirma claramente que o pai precisa dizer regularmente à filha como é linda (não "bonitinha", mas "bonita por dentro e por fora"). A filha recebe do pai sinais do que pode esperar dos homens. Se o pai a trata com respeito, ela vai exigir o mesmo tratamento; se não, ela fica vulnerável.

O pai exerce forte influência sobre a possibilidade de a filha, mais tarde, estabelecer um relacionamento bem-sucedido e duradouro com um homem. Na verdade, o fator determinante do nível de confiança que a jovem leva para a vida adulta está ligado à relação estabelecida com o pai: se ele a ouvia, se conversavam, se agia respeitosamente com ela e com a mãe.

10. Garotas são vulneráveis a palavras

A garota possui um radar capaz de captar o que o pai ou quem represente a figura paterna pensa dela. É importante prestar atenção nisso. Enquanto os garotos assumem a posição de aprendizes, ao acompanharem o pai nas atividades, as garotas escutam. Como você fala com ela? Como fala com a mãe dela?

Se o seu pai não foi tão bom quanto você gostaria, quebre o ciclo. Muitos homens não tiveram bons exemplos para seguir, e sentem-se tentados a desistir, deixando a educação entregue à mãe. Assim, ficam apenas como provedores e protetores. Não dá certo. É preciso interromper o ciclo e tornar-se um bom pai.

Nesse aspecto, o herói de Bruce é Tony Cooke. Tony, um australiano do oeste de quem você provavelmente nunca ouviu falar, cresceu em circunstâncias complicadas. Eric, seu pai, era um assassino em série, e foi a última pessoa enforcada na Austrália Ocidental. Isso criou para Tony dificuldades em casa e na escola, mas não o impediu de tornar-se um homem e um pai maravilhoso. Ele diz muito claramente que escolheu quebrar o ciclo e aprender a ser diferente.

É improvável que algum leitor deste livro tenha uma bagagem tão pesada quanto a de Tony. Portanto, não há desculpa. Quebrar o ciclo envolve a disposição de aprender a ser pai (em livros, seminários, grupos) e aos poucos pôr em prática o que outros usaram com sucesso em determinadas situações.

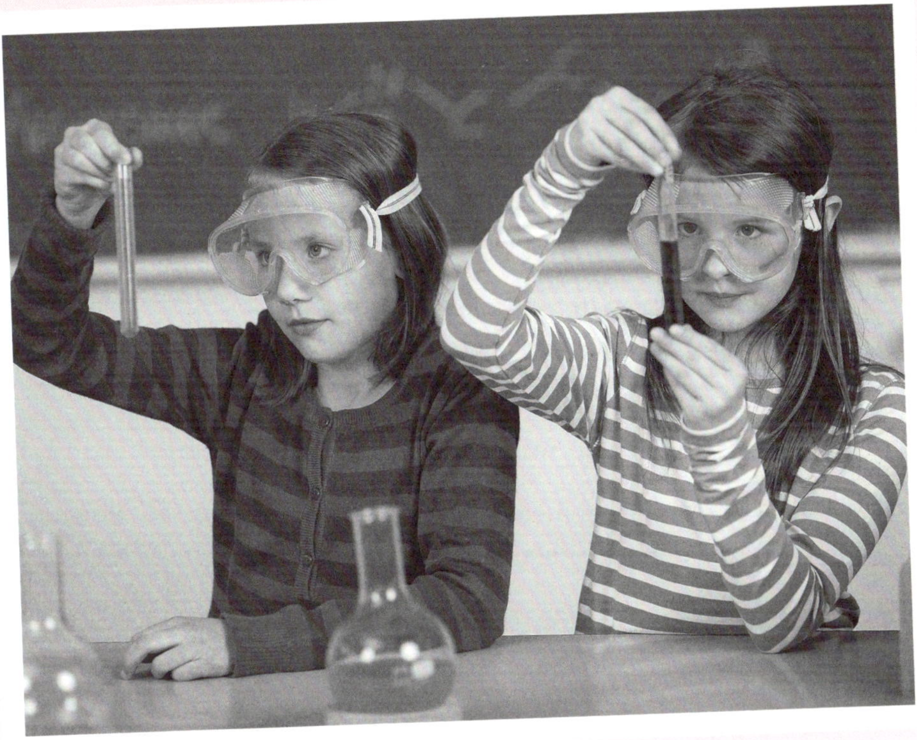

Esta lista serve de orientação. Volte a ela sempre que quiser, em busca de novas ideias. Por enquanto, a intenção é estabelecer objetivos.

Marque o que você já faz.

- [ ] 1. Encontros regulares, só você e ela.
- [ ] 2. Viagens, só você e ela.
- [ ] 3. Administração criativa da agenda apertada, para ter tempo de estar com ela.
- [ ] 4. Dizer a ela como é especial, especificar suas qualidades e convencê-la de que possui uma missão especial no mundo.
- [ ] 5. Ouvir o que ela diz, sem apresentar conselhos imediatamente. Valorizar as opiniões dela.
- [ ] 6. Conversar com ela sobre valores – confiança, honestidade, racismo, sexismo, respeito – e como as pessoas se tratam.
- [ ] 7. Conversar francamente sobre uso de drogas, pressão do grupo. Se ela usar drogas, não feche os canais de comunicação.
- [ ] 8. Envolver-se na vida escolar dela.
- [ ] 9. Tratá-la com respeito, de modo que ela saiba que merece.
- [ ] 10. Conversar com ela positiva e delicadamente. Fazer elogios diante de outras pessoas.

Muito bem. Agora escolha dois dos itens restantes e faça um círculo em volta deles, desde que se considere capaz de cumprir a tarefa. E vá devagar.

Nota final

Esses são novos comportamentos. Nós, homens, não gostamos de falhar. Aprendemos a temer a vulnerabilidade. No entanto, vulnerabilidade tem a ver com amor. A vontade de acertar derrete corações e cura feridas involuntariamente causadas no passado. O bom homem não é o que sabe tudo; é o que se dispõe a aprender.

Meus mais calorosos votos de sucesso. Você é muito importante para a sua menina, e o que vale é tentar.

O amor que você recebe da sua filha, só por tentar ser um bom pai, é uma das melhores coisas da vida. E vale a pena tentar, para que ela tenha uma vida melhor.

O
amor
e o
respeito
do **pai**

Em poucas palavras

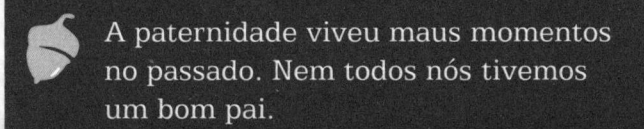

- O pai faz muita diferença na vida da filha.

- A paternidade viveu maus momentos no passado. Nem todos nós tivemos um bom pai.

- Podemos aprender a ser pais melhores do que nosso pai foi.

- Existem dez estratégias que os papais podem adotar. Escolha uma, ponha em prática e veja o que acontece.

- O melhor homem é aquele que não para de aprender e se expõe à vulnerabilidade ao experimentar coisas novas.

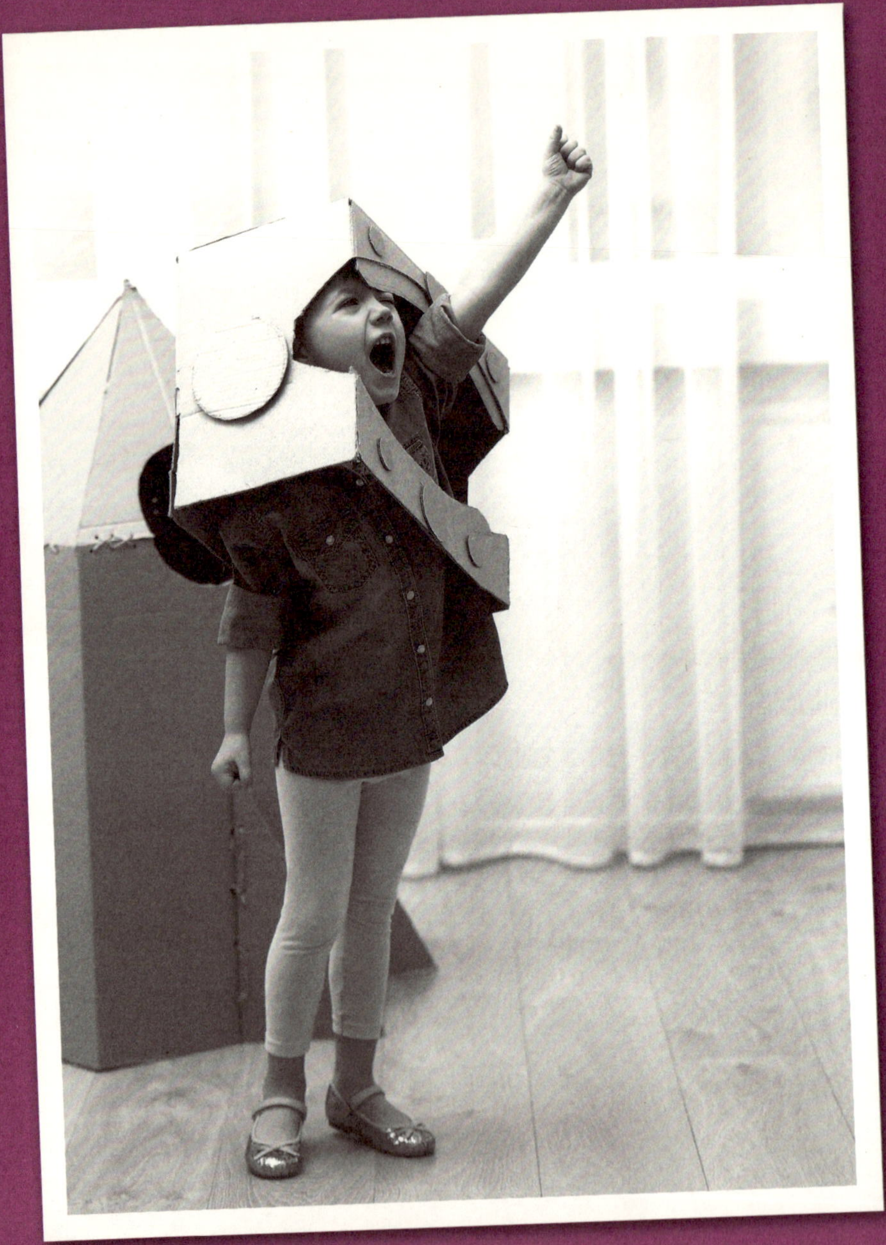

Capítulo Cinco

A
centelha

> "Toda criança guarda em si um interesse, paixão ou capacidade à espera da revelação. Esse pode ser o foco de seu entusiasmo. É o que dá sentido à vida. Como saber qual é? Como transformar a centelha em fogo vivo? E por que isso é importante?"

A sua filha tem mais de 8 anos? Se tiver, provavelmente está bem entrosada com o mundo fora de casa, inclusive com a escola. Mas até que ponto esse envolvimento é positivo? Até que ponto é divertido? Até que ponto lhe toma o espírito e aponta o caminho para que ela se torne uma mulher? Este capítulo trata de encontrar os interesses genuínos que a ligarão ao mundo.

Algumas garotas já acordam ansiosas. Verificam as mensagens no telefone; preocupam-se com um pontinho vermelho que ameaça sua pele até então perfeita; calculam o que podem comer no café da manhã sem ganhar peso. Passam o dia nervosas e desatentas, acham a escola chata e não se concentram. No fundo do coração, sabemos que isso não é bom. A sua filha é assim? Você suspira impaciente, ao ver a nuvem de desânimo e infelicidade que parece pairar sobre ela?

Existem jovens bem diferentes dessas. Ativas e interessadas, dão a impressão de ter pulado as angústias da adolescência, ou pelo menos de ter passado rapidamente por elas. O que as torna diferentes daquele bando de descontentes?

O segredo da pré-adolescência e adolescência felizes pode estar naquilo que especialistas chamaram de centelha. A denominação é uma ótima metáfora para paixões e interesses intensos guardados pela sua filha. Toda menina possui uma ou várias centelhas (várias é melhor). Nossa tarefa é ajudá-la a descobrir quais são elas; atuar de maneira prática para que a descoberta seja possível; e, então, observar e curtir. Assim, você verá surgir uma garota mais feliz, mais positiva e muito mais ousada. Não é mais ou menos o que você quer?

Quem primeiro descreveu a centelha foi o dr. Peter Benson, pesquisador do Search Institute, em Minnesota. Benson já era famoso mundialmente, uma vez que seu trabalho de reforço positivo com jovens, citado em milhares de estudos, tinha servido de base à Psicologia Positiva. Seu conceito de centelha está mudando muitas vidas atualmente. Você pode ler sobre o assunto ou jogar no Google Peter Benson Spark e assistir à TED talk – palestras destinadas à disseminação de ideias – na qual explica muito bem seu trabalho.

A equipe de pesquisadores de Benson concluiu que esportes e artes (dança, teatro, música, literatura, artes plásticas, artesanato) são as centelhas mais comuns entre os jovens. Em terceiro lugar vêm os animais (cachorros, cavalos ou a proteção animal) mas poderia haver muitos outros interesses: colecionar pedras, participar de gincanas, vestir roupas medievais ou enfrentarem-se com espadas rombudas!

Comece por você

Para entender o conceito de centelha, pense na sua infância. Quando criança, você possuía um interesse, hobby ou atividade de que gostava muito? Faça esta autoavaliação:

Quando criança, qual era a sua centelha?

....

....

Essa centelha mudou com o tempo?

....

....

Até que ponto os seus pais incentivavam isso? (Marque a melhor resposta.)

☐ 1. Nada.

☐ 2. Um pouco.

☐ 3. Eles incentivavam, mas não ajudavam.

☐ 4. Eles incentivavam, ajudavam, pagavam e gostavam de ouvir os relatos.

Esses seus interesses eram reconhecidos fora do círculo familiar?

☐ SIM ☐ UM POUCO ☐ NÃO

Na escola, alguém sabia dos seus interesses e incentivava?

☐ SIM ☐ UM POUCO ☐ NÃO

O que aconteceu à sua centelha? (Marque quantos itens quiser.)

- ☐ 1. Não durou muito. Eu tinha outros afazeres.
- ☐ 2. Durou algum tempo, mas aos poucos perdeu a graça.
- ☐ 3. Foi ótimo durante anos, eu me saí muito bem e conheci gente interessante.
- ☐ 4. Ainda gosto de praticar, e é uma parte fantástica da minha vida.

Agora, que deu todas as respostas, registre a sua impressão.

....
....
....

Sente falta da centelha?

....
....
....

Você se lembra da centelha com prazer?

....
....
....

Ao estudar o conceito, a equipe de pesquisadores de Peter Benson concluiu que:

1. Todo jovem compreende a ideia de centelha.

2. Crianças que têm uma centelha na vida se saem melhor na escola, são mais felizes, relacionam-se bem com os mais velhos, são mais confiantes e positivas. São mais atenciosas, relaxadas e sociáveis, têm boas expectativas para o futuro, trabalham com mais afinco e sabem que coisas boas exigem tempo.

3. Se as crianças tiverem mais de uma centelha, melhor ainda. Na verdade, a capacidade de dominar entusiasticamente uma área de interesse tende a estimular novas tentativas.

4. Para inflamar-se e não apagar, a centelha precisa de dois ingredientes: pelo menos um adulto na família interessado e disposto a ajudar (levar às aulas de harpa, comprar o aquário, encontrar uma boa escola de dança), e mais um ou dois adultos na escola ou em outro lugar, que saibam e apoiem.

5. Lamentavelmente, um terço dos jovens chega à adolescência sem uma centelha. Por não ser alimentada, ela se apaga.

BENEFÍCIOS MAIS ABRANGENTES

É fácil entender que uma área de interesse faça o jovem mais feliz. Mas por que afeta também outras áreas da vida? Por que o interesse por peixes tropicais ou surfe, por exemplo, faria a menina apresentar um melhor desempenho na escola, ser mais gentil ou acreditar no futuro?

Existem muitas razões. A primeira é que uma atividade prazerosa nos leva a uma zona especial, onde o tempo não importa, e a concentração é total. Flui. Isso é excelente.

A segunda razão é que quase todo interesse envolve outras pessoas, frequentemente de faixas de idade com as quais as crianças hoje em dia têm pouco contato – jovens adultos, indivíduos mais velhos, personalidades variadas. Diferentemente do grupo de amigos, de mamãe e papai, as pessoas que partilham do mesmo interesse não prestam atenção à idade, ao gênero ou à forma física. Gostam de conversar, compartilhar e ensinar. Com tantos modelos, os jovens captam entusiasmo, aprendem e experimentam o sucesso nas mais variadas atividades, da pesca de truta aos jogos de orientação, à eletrônica ou ao desenho de moda. Assim, sentem-se valorizados. Eles realmente pertencem ao grupo, e isso nada tem a ver com a aparência, o corte de cabelo ou o número de amigos nas redes sociais. As habilidades de relacionamento se desenvolvem, e o dia seguinte parece mais uma oportunidade de fazer tudo de novo!

Todos esses ganhos são efeitos colaterais, que é onde surgem quase todas as melhores lições. Bebês não aprendem a andar ou engatinhar porque estabeleceram essa meta. Querem apenas chegar ao outro lado do cômodo! Estão interessados no resultado. A terrível tendência de aplicar testes e medir o desempenho vai em sentido contrário. A mensagem é: Faça estes exercícios de matemática, memorize, passe no teste, e talvez um dia venha a utilizá-los. Nada afasta tanto os jovens do estudo quanto essa abordagem forçada. A verdadeira aprendizagem, aquela que fica, acontece porque é útil e prazerosa, e faz a pessoa se sentir viva.

EXISTEM FALSAS CENTELHAS?

Em resumo, sim. Às vezes, as áreas de interesse das garotas fazem parte da fixação na aparência e da ansiedade pelo desempenho, duas situações que atrapalham a vida delas. Dieta provavelmente não é uma boa área de interesse. Exercício pelo exercício ou para desenvolver os músculos... Veneno! Praticar esporte por amor é outra coisa.

Nem todos os interesses preenchem o requisito de servir de ponte entre a menina e o mundo. Embora possam ser úteis para relaxar e reduzir o estresse, jogos de computador viciam com facilidade, além de favorecerem o isolamento. Existem jogos interativos, mas são bastante limitados e devem ser usados com moderação.

O GRANDE DESASTRE DAS ESCOLAS DE DANÇA

Dançar é uma atividade maravilhosa – algo que todas as culturas fizeram desde o início dos tempos. A dança praticamente faz parte do espírito das garotas, e de muitos garotos também. Quando estamos felizes, sentimos naturalmente vontade de dançar. E o contrário também se aplica. A dança, ainda que sejam apenas umas piruetas na sala de estar, nos deixa felizes. Afinal, a emoção faz parte do corpo; sentimos com o corpo e no corpo, e, quando nos movimentamos, os sentimentos vão para onde devem ir. Dançar não é somente um exercício para o corpo, mas também para o coração e a alma.

A dança é uma das atividades físicas mais apreciadas na infância. No Reino Unido, quase 90% das meninas frequentam aulas de dança em alguma fase da vida. Mas a dança não está imune a alguns dos mais sérios problemas da nossa cultura. A soma de sexualização e foco na aparência resultou em uma mistura venenosa. Além disso, competitividade e perfeccionismo podem acabar rapidamente com a alegria, distorcendo uma parte antes maravilhosa da infância.

Psicólogos recebem para tratamento muitas meninas obcecadas pela dança, pela imagem corporal, pelo treinamento excessivo, por padrões alimentares quase anoréticos e uma rotina de exercícios inaceitável. Elas em geral vinham de escolas de dança cuja cultura alimentava essas atitudes. Acrescente a isso a sensualidade dos passos e das roupas, a partir de 5 anos, e está montado um cenário realmente prejudicial.

A mudança vem aí

Um grupo de jovens professores de dança australianos começou recentemente uma campanha nacional para reconduzir essa arte aos trilhos. Para isso, eles criaram um código de conduta e um processo de credenciamento para escolas de dança receberem crianças. O código está em www.kidspacecode.com (site em inglês).

Alguns aspectos a ser observados:

- Roupas – são apropriadas à idade das crianças?

- Rotinas de dança – idem.

- Escolha das músicas – idem.

- Há pressões diretas ou indiretas, exercidas pelos professores, de modo que as crianças que não se encaixarem em determinado padrão se sintam mal?

- Há atitudes excessivamente competitivas e críticas, destruindo a alegria do que deveria ser prazeroso?

Em resumo: não me parece boa ideia meninas de 6 anos levadas a fazer caras e bocas, e usar cílios postiços e rebolar ao som de músicas com letras provocantes, sob o olhar de uma professora carrancuda que grita para perderem peso e treinarem mais, até a exaustão.

Aqui está uma avaliação rápida.

A sua filha já teve aulas de dança?
☐ SIM   ☐ NÃO

Ela gostou?
☐ SIM   ☐ NÃO

As roupas, a música e os estilos de dança eram adequados à idade dela?
☐ SIM   ☐ NÃO   (Eram "adultizados".)

Havia pressões e angústia em torno dos movimentos certos?
☐ SIM   ☐ UM POUCO   ☐ NÃO

As coreografias eram individuais, expressivas, alegres e espontâneas?

(Ou tratava-se de um trabalho rotineiro, e todo mundo dançava igual?)

☐ SIM   ☐ NÃO

....
....
....
....

A dança não é a única área problemática; os problemas podem atingir qualquer esporte ou atividade física. Poucos anos atrás, a equipe australiana feminina de ginástica, formada sobretudo por adolescentes, foi investigada no Senado depois que muitas das meninas pararam de menstruar e tiveram os níveis do hormônio do crescimento abaixo do esperado, com a possibilidade de afetar sua altura e o amadurecimento do sistema reprodutor. Suspeitava-se de que o excesso de treinamento fosse a causa desses sintomas.

A interrupção do ciclo menstrual por excesso de exercício pode levar também a alterações hormonais causadoras da osteoporose – enfraquecimento dos ossos, com efeitos pelo resto da vida. E há ainda o estresse do contínuo medo do fracasso.

O que aconteceu à centelha da sua filha? (Marque quantos itens quiser.)

☐ 1. Minha filha participa de atividades que lhe dão prazer e a fazem realmente feliz.

☐ 2. Às vezes, as atividades são estressantes ou causam sobre carga física.

☐ 3. Embora difíceis, as aulas servem para ela ficar mais corajosa.

☐ 4. Ela gosta das atividades, mas são muitas. Talvez seja preciso cortar algumas.

☐ 5. Acho melhor cortarmos aquela atividade. Está fazendo mais mal que bem.

> **A competição é saudável, mas só até certo ponto. Quando atinge o exagero, a sua filha se torna um objeto criado para atingir os objetivos de outra pessoa. Cuide para que essa outra pessoa não seja você.**

A VIDA É PARA FLORESCER, E NÃO PARA SOBREVIVER

Nós, pais, às vezes caímos em terríveis armadilhas. Desenvolvemos uma orientação negativa ou, pelo menos, não muito ambiciosa: seguir adiante, apenas. Em tempos difíceis, é fácil concentrar-se no negativo e não desejar nada nem ninguém melhor. Procuramos apenas manter os filhos bem alimentados, na escola e longe de problemas. São cuidados importantes, mas ligados somente à gestão e ao controle.

Caso você se descubra agindo no modo sobrevivência, em vez de buscar a felicidade, é importante perguntar: "Que atitudes ajudariam a sua família a florescer e ser feliz?" Dos pais entrevistados por Benson, um em cada quatro se concentrava em florescer; queria que os filhos se sentissem realmente vivos.

O ponto de partida é a reavaliação dos objetivos. Para começar, pergunte-se: "O que mais desejo para minha criança?" Pense por um minuto. Peter sugere que poucos pais responderiam "Alcançar a marca nacional em matemática", "Ter um bom resultado no ENEM" ou "Conquistar uma medalha olímpica". Mesmo "Dinheiro e sucesso" não receberia muitos votos, se analisarmos cuidadosamente a pergunta – porque não é essa a receita da felicidade.

Muito mais gente daria respostas como:

- Viver com alegria.
- Relacionar-se bem.
- Amar a vida.
- Ser generosa, participativa, feliz e gentil.

Essa é a linguagem do "florescer" – qualidade, e não quantidade. Se é o que desejamos para nossas crianças, temos de verificar se é o que passamos a elas no dia a dia. Às vezes, o que se transmite na prática resume-se a competir, vencer, temer. Aí estão receitas infalíveis para um ser humano solitário, vazio, doente, confuso ou perdido.

Dar à criança espaço e tempo para descobrir o que realmente gosta de fazer é uma questão delicada. Acredito que de nada adianta encher seu tempo livre com grande quantidade de aulas, esportes ou compromissos. Nem passar rapidamente de uma a outra. Tem mais a ver com paciência, talvez seja até necessário um pouco de tédio, para ver surgir a certeza. Nossa tarefa é fazê-la perceber que notamos seus interesses e ficamos felizes em apoiar.

A escola pode ajudar

A escola exerce um papel importante na manutenção da centelha. Benson acredita que o professor precisa saber qual é a centelha de cada um dos alunos. Esse deveria ser o primeiro tema de discussão nas reuniões de pais e mestres. Se o professor não tiver conhecimento das paixões do aluno, como será capaz de estabelecer uma real conexão entre eles? Os conselhos escolares devem pesquisar as centelhas dos jovens e ver se estão sendo oferecidos os recursos necessários.

Em praticamente todos os casos, a centelha do jovem é alguma coisa boa, bonita e útil para o mundo. Não deveríamos nos preocupar com questões do tipo "Aonde isto vai chegar?" ou "De que ele vai viver?", porque o desenvolvimento humano não se resume a alcançar metas, mas a cumprir estágios adequadamente; a fazer o que tem vontade. Mente, corpo e alma sabem o que precisam fazer em seguida. E as coisas acontecem. Pode confiar no desenvolvimento humano, porque ele vem de muito longe.

Benson descobriu também que metade dos jovens pesquisados escolheu profissões ligadas à sua centelha. Os outros não fizeram isso, mas conservaram a centelha para momentos em que se renovavam e recuperavam as forças. Tudo bem.

> **Oferecer às nossas crianças espaço e tempo para descobrirem o que realmente gostam de fazer é uma questão delicada.**

Em que ocasiões você se sente melhor, com mais vida?

Converse sobre centelha com a sua filha. "O que faz você se sentir mais viva?" Converse sobre obstáculos. Ela conhece alguém que possua uma centelha bem evidente? Diga como se sente a esse respeito.

Inclua a centelha nas conversas em família. Se você passa longas horas no trabalho, por exemplo, e sente certo distanciamento da sua menina, esse pode ser um bom recurso para a conexão.

Como lembrete final, devo dizer que nós, adultos, também precisamos de uma centelha. Precisamos de vitalidade e da sensação de sermos nós mesmos, ainda que em meio às exigências próprias dos cuidados com outras vidinhas. Veja se consegue pegar a sua centelha de volta!

A
centelha

Em poucas palavras

- Todo jovem tem uma ou duas centelhas.

- Centelhas são interesses que guarda dentro dele e gosta de praticar.

- As centelhas florescem quando adultos da família ou fora dela ajudam e apoiam.

- Infelizmente, muitos jovens (e adultos) perdem a centelha.

- Nossa tarefa é ajudar as crianças a descobrir e concretizar sua centelha.

- Uma criança com forte interesse em determinada área alcança melhor desempenho em quase todos os aspectos da vida.

- Preste atenção a atividades muito competitivas, dirigidas ou baseadas na perfeição. Uma centelha verdadeira é estimulante e prazerosa.

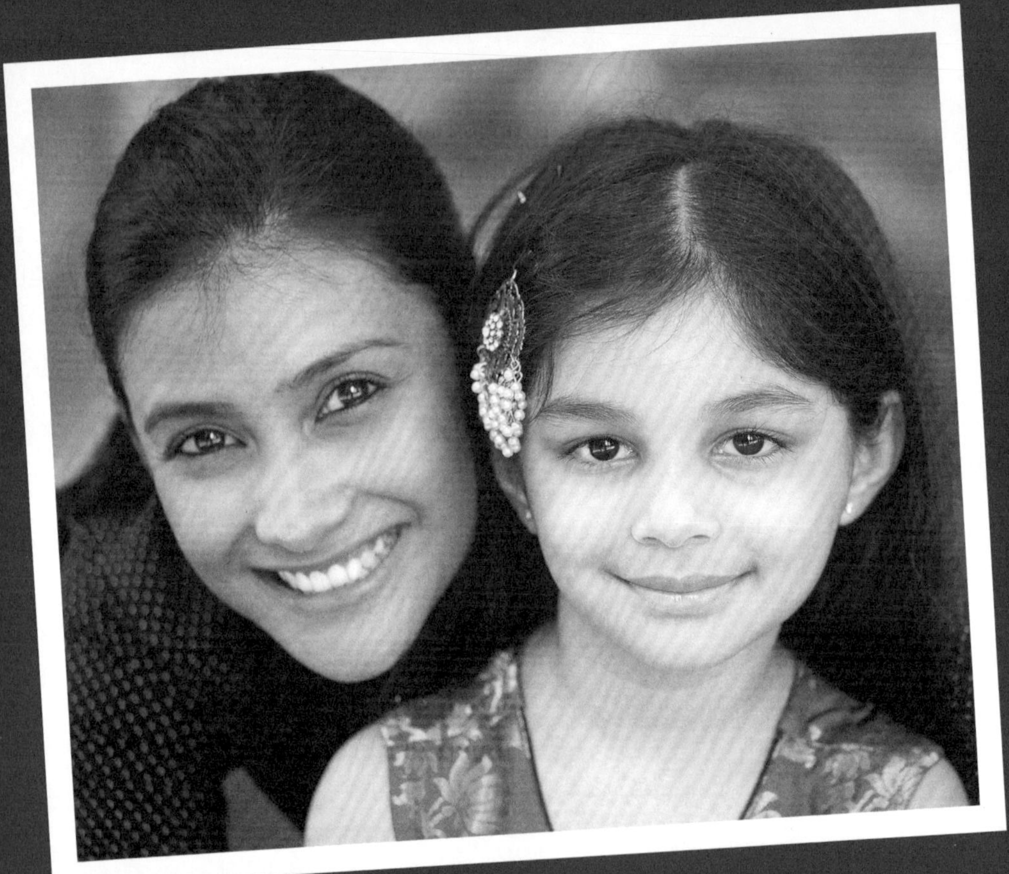

Capítulo Seis

As tias

> "Para as meninas, um dos grandes segredos da felicidade é a presença das tias. Em especial na puberdade."

UM CÍRCULO DE MULHERES

A mãe de Erin enfrentava uma doença grave, e desde alguns meses ela sabia que a sobrevida seria curta. Aos 12 anos, ninguém está preparado para perder a mãe. O dia do funeral correu sem sustos. A longa enfermidade havia proporcionado um foco. Ao encaminhar-se para o salão da igreja, quando as pessoas começaram a se reunir e conversar, Erin teve a impressão de receber sobre os ombros um manto de entorpecimento. Era como se vivesse um sonho, embora ela soubesse que nunca acordaria daquele pesadelo. Sua mãezinha, tão sábia e delicada, tinha partido.

Erin via as pessoas reunidas em torno do pai, que passava um braço pelo ombro de Mikey, seu irmão mais novo. Naquela manhã, ele dissera à filha que não se sentisse obrigada a falar com as pessoas depois do serviço, que não havia problema em fazer o que tivesse vontade. Erin se encostou na parede, sozinha, desejando que ninguém reparasse nela.

De repente, alguém parou a seu lado. Era Tania, a melhor amiga de sua mãe. As duas estavam sempre na casa de uma ou da outra. Tania olhava de um jeito meio estranho.

– Erin, posso roubar você um instantinho?

A menina nem respondeu; imaginou que precisassem de ajuda na cozinha. Elas atravessaram um corredor, chegando a uma salinha, onde Erin viu seis mulheres, claramente à sua espera. Não havia pratos nem comida à vista.

Estavam lá a tia Margaret, que morava no interior, ao lado de amigas que acompanhavam sua mãe nas caminhadas e frequentavam a casa. Ela sabia os nomes de todas e conhecia um pouco da vida de cada uma. Sandy, a mais velha, ajeitou os cabelos grisalhos e falou:

– Ouça, querida, hoje é um dia difícil, e você quer que acabe logo. Nós sabemos. Mas chamamos você aqui para dizer uma coisa. Não vamos nos afastar. Amamos a sua mãe e amamos você também. Vamos estar por perto, para o que você precisar.

Apesar da expressão séria, Sandy tinha lágrimas nos olhos. Erin teve a certeza de que ia faltar à promessa de não chorar, feita a si mesma. Ao sentir-se abraçada gentil e respeitosamente, desabou sobre o peito mais próximo, sem nem saber de quem era, e deixou sair o lamento que guardava. O calor daqueles corpos lhe dava vontade de ficar ali para sempre. Naquele momento, começou a pensar que talvez conseguisse sobreviver.

DE QUE TODA MENINA PRECISA?

Para chegarem intactas à idade adulta, as meninas precisam de tias ou de figuras parecidas com as tias, e as razões disso remontam à Pré-História. Como caçadores e colhedores, sempre vivemos em clãs familiares muito unidos, nos quais as meninas estavam sempre cercadas de mulheres, que cuidavam de ensinar e apoiar, tanto nas grandes transições quanto no dia a dia. Cuidar das meninas era um dever sagrado. Não esqueça que se tratava de uma sociedade matriarcal, em que homens e mulheres não se misturavam.

O estilo de vida mudou, mas não a nossa psicologia. As garotas precisam de outras pessoas, além da mãe. Felizmente não é difícil resolver isso, uma vez que muitas mulheres naturalmente afetuosas vão gostar de ajudar a garotinha a crescer bem.

A presença da tia é ótima desde sempre, mas na adolescência elas se tornam ainda mais importantes. Pode haver momentos em que a menina não queira conversar com a mãe. Ou as duas estejam em conflito. E existe uma fase, lá pelos 14 ou 15 anos, na qual a garota só tem uma certeza: de que não quer ser igual à mãe. Não se espante. Acontece em todas as famílias, quer a mãe seja Primeira Ministra ou estrela do rock. É difícil não se magoar, mas a fase passa rápido e é necessária; é o que faz a garota ficar mais independente e desenvolver uma personalidade. Não fosse assim, ela nunca se individualizaria. (Nem sairia, mais tarde, da casa dos pais.) Isso e a forte irritabilidade dos papais. Mas esse é outro assunto.

Portanto, é na metade da adolescência, especialmente, que a garota precisa de mais alguém. Se não há uma tia ou alguma outra mulher sensata em seu dia a dia, ela busca o que mais se aproxima, e recorre ao grupo de amigas, em busca de conselhos, esclarecimento, incentivo e equilíbrio.

Acontece que grupos de amigos são para diversão e companhia. Não possuem o conhecimento ou as habilidades próprias do verdadeiro apoio. Uma das situações mais tristes da face da Terra é quando crianças tentam se ajudar, para suprir a falta de adultos. (Conheço uma garota que, aos 12 anos, uniu-se a algumas amigas e recolheu alimentos para outra, cuja mãe não podia abastecer a geladeira, pois estava ocupada demais com os próprios assuntos.) Isso pode ser assustador, pois grupos de amigos tendem a aumentar a ansiedade. Além do mais, garotas da mesma idade costumam competir entre si, e nem sempre são confiáveis como conselheiras.

Meninas precisam de algo que sempre tiveram no passado, tias sensatas, calmas, determinadas e corajosas para quatro missões:

confrontar, confortar, elogiar e desafiar. Tias levantam questões cruciais. Enquanto a mãe pergunta "Lavou as calcinhas?", a tia procura saber "Como quer que seja a sua vida?"; "O que considera importante?"; ou "O que você pretende?". Às vezes, as perguntas até são as mesmas, mas as meninas preferem responder às tias, que não ficam tão ansiosas nem pioram as coisas.

As tias também falam sério, e, quando as pessoas que nos amam fazem isso, a mensagem chega ao destino de maneira bem interessante. Conheci muitas jovens que, em um impulso de rebeldia contra os pais, a vida ou o mundo, estiveram à beira da autodestruição. Entrar em um carro com um garoto bêbado que acabou de conhecer na noite; tomar um comprimido oferecido por um estranho em uma festinha; dirigir depois de beber, com o coração partido por causa de uma desilusão amorosa; voltar a pé para casa às 3 horas, sem pedir a companhia de um amigo. (Tudo bem, eu sei que o lugar da mulher é onde ela quiser, mas acho burrice.) No entanto, naqueles momentos imaginaram uma tia muito zangada, dizendo: "ESTÁ MALUCA?" Então, mudaram de ideia. Tias são capazes de salvar vidas, mesmo de longe.

As tias também são muito sensatas no que se refere a rapazes. Não se deixam impressionar pelo gênero masculino, talvez seja por isso que tias solteiras às vezes parecem tão atraentes. Elas também dizem coisas do tipo: "Ele é bonitinho, mas não tem nada entre as orelhas, querida! Vai enjoar dele em uma hora!" Costumam fazer também outros comentários que não posso escrever aqui, mas você pode imaginar. Tias ensinam a não dar tanta atenção ao que os garotos pensam. Ensinam a lidar com eles. A perceber a diferença entre os que valem a pena ou não.

COMO SER TIA

Veja aqui como fazer. Quando a sobrinha tiver uns 8 anos, convide-a para passar um ou dois dias na sua casa. Dormir na casa da tia, sentindo-se bem-vinda e segura desperta na menina um sentimento profundo e essencial. Faça o convite quando o seu marido e os filhos estiverem fora, se achar que a casa fica mais tranquila. Ela vai sentir que tem duas casas, o que proporciona certa independência. O mundo tem mais um lugar acolhedor.

Quando ela entrar na puberdade, deixe que saiba que você sabe. Comente a importância disso. (Veja adiante uma longa sessão sobre o tema.) Durante a adolescência, convide-a regularmente, uma vez por mês, por exemplo, para almoçar. Com isso, poderá manter-se informada. Talvez ela precise lhe contar alguma coisa que não queira revelar à mãe. Pode ser um assunto sério: que se sentiu desconfortável com o jeito como o padrasto a tocou; que começa a perceber que sua sexualidade não é específica. Ou pode ser alguma coisa simples: que está preocupada com os pais, uma amiga ou com um problema particular. Vai haver também muitos assuntos leves a tratar. A tia é menos ansiosa, menos certinha, mais aventureira e mais relaxada do que a mãe. Tias são divertidas.

Agora, um lembrete. Não entre em competição. Elogie a mãe na frente dela. Você é apenas um recurso a mais, e não uma segunda mãe. Seja mais uma fada madrinha. Não encha a sobrinha de presentes, ou pelo menos não a presenteie frequentemente. A sua disponibilidade, classe e atitude adulta vão estimular nela essas qualidades.

Para fazer o papel de tia, você não precisa ser irmã da mãe nem irmã do pai. Basta ser íntima da família e sentir uma conexão genuína. Como já vimos, é um papel muito antigo que as mulheres assumem naturalmente. Para isso, há que ter ao mesmo tempo leveza no toque e firmeza, de modo que a garota saiba que pode contar com você.

As suas filhas também vão precisar de tias. Que tal um arranjo recíproco? Você pode perguntar a uma das suas irmãs: "Quer assumir o papel de tia da minha filha?" Ou seja mais específica: "Ela anda preocupada, não está bem. Vocês poderiam ter uma conversa?" Seja sutil, porém. Garotas são muito observadoras. Um envolvimento antigo é melhor.

E, caso esteja achando tudo difícil, desculpe minha falta de jeito masculina. Você com certeza vai saber o que fazer. Afinal, a principal vantagem da companhia dos jovens é que eles são muito interessantes. Vai ser bem divertido.

AS TIAS

Você provavelmente não precisa, mas aqui está a parte interativa:

1. As tias foram importantes para o seu desenvolvimento?

　　☐ SIM　　　☐ UM POUCO　　　☐ NÃO

Se foram, o que elas fizeram de bom por você?

....

....

Se não houve nenhuma tia, acha que a presença de uma teria feito diferença? Como seria ter uma pessoa bondosa, sensata e compreensiva, para conversar e contar tudo?

....

....

2. Você tem sobrinhas? Ou gosta das filhas dos seus amigos?

　　☐ SIM　　　　☐ NÃO

Caso a resposta seja positiva, imagina-se exercendo um papel mais ativo na vida delas?

　　☐ SIM　　☐ UM POUCO　　☐ NÃO
　　　　　　　　　　　　　　　　(Claro que a distância é um
　　　　　　　　　　　　　　　　fator a ser considerado.)

3. Acha que a sua filha se beneficiaria, caso tivesse na vida uma tia ou alguém que exercesse tal papel?

　　☐ SIM　　☐ UM POUCO　　☐ NÃO
　　　　　　　　　　　　　　　　Ela já tem uma ótima tia (ou
　　　　　　　　　　　　　　　　duas).

4. Você conseguiria recrutar, na família ou entre os amigos, alguém para cumprir o papel de tia?

　　☐ SIM　　☐ UM POUCO　　☐ NÃO

Tias falam sério

PUBERDADE E GAROTAS –
COMO TORNAR ESSA FASE MARAVILHOSA

Meninos e meninas vivem a puberdade de maneira muito diferente. Elas crescem rapidamente; eles vão mais devagar. Elas começam um ano, no mínimo, antes deles. Neles, a puberdade é gradual; temos tempo de nos acostumar. Com elas, há uma mudança que não é gradual. De repente, elas têm a primeira menstruação. São férteis. São mulheres. Tudo fica muito intenso. Daqui por diante, este capítulo trata de como administrar esse período e das oportunidades de tornar realmente especial a transformação de menina em mulher. Segundo as opiniões das mães que primeiro leram este trabalho, esta é a parte mais útil e interessante. Elas até fizeram planos de incorporar as ideias à criação das filhas. Espero que você faça o mesmo.

Os velhos dias ruins

No século 20, a primeira menstruação era tratada como um desagradável problema de higiene. Muitas leitoras talvez guardem lembranças desagradáveis desse evento e de como foi tratado.

Dos itens abaixo, marque o que melhor descreve como os seus pais lidaram com a sua primeira menstruação:

☐ 1. Situação desconfortável, com poucas informações, embaraçosa.

☐ 2. Tudo bem, mas somente informações práticas. Nada de especial sobre o significado da condição feminina.

☐ 3. Foi legal. Meus pais foram bons, e me senti bem.

☐ 4. Foi uma ocasião muito especial. Minha mãe e eu nos aproximamos. Me senti emocionada por estar entrando na idade adulta.

Com as respostas a essas perguntas, você se conscientiza dos sentimentos ligados ao assunto. O fato de levantarmos a questão talvez facilite para que os localize no corpo, sob a forma de sensações. Pare um pouco e observe. Onde essas sensações se alojam no seu corpo? Deixe que elas passeiem, enquanto decide. Hoje em dia, dispomos de ajuda que antes não estava disponível.

KIM McCABE

Kim trabalha com jovens há mais de vinte anos, especialmente nas áreas de educação sexual, educação de meninas e psicologia infantil. Ela fundou a Rites for Girls ("Ritos para Meninas"), que atua em todo o Reino Unido. São oferecidos treinamento de profissionais, programas de ritos de passagem e formação de grupos de apoio. É autora de *The emerging woman* (A mulher emergente), que trata do assunto, e seu website www.ritesforgirls.com é o foco para uma comunidade de pais e educadores que se espalha pelo mundo, além de ser importante fonte de recursos e ideias.

Uma vez que a puberdade das meninas pertence claramente ao domínio feminino, solicitei a ajuda de Kim McCabe, uma boa amiga que trabalha com jovens no início da adolescência em Sussex, na Inglaterra. Experiente em educação, ela foi pioneira na formação de pequenos grupos que, durante um ano, ofereciam apoio a meninas que entravam na puberdade. O objetivo era fazer daquele ano um período de afirmação para elas e seus pais. As meninas e as mães adoraram os grupos, e Kim agora treina outras profissionais para fazerem o mesmo. O texto seguinte contém, na maior parte, palavras de Kim. Por favor, dê a elas uma voz feminina!

Primeiro sangue

Quando a sua filha sangra pela primeira vez, a mudança é enorme. De repente, ela pode conceber, gestar e dar à luz uma criança. Passa a fazer parte da irmandade mundial de mulheres férteis. Um passo gigantesco na jornada rumo à vida adulta.

Muitas garotas preferem manter a discrição sobre o evento. Respeite o desejo dela, ainda que sentimentos contraditórios, como entusiasmo, alegria e tristeza, fervilhem em você.

A primeira menstruação é uma experiência limite. De repente, atravessamos um portal. Quase todas as mulheres se lembram disso claramente, com uma mistura de sentimentos. E você, como se sentiu? O que houve de especial? O que preferia que tivesse acontecido de modo diferente? A quem contou? Qual foi a resposta?

Por acontecer em um período de intensas mudanças hormonais, a experiência da primeira menstruação pode variar enormemente de uma menina para outra. Essa experiência pode representar o longamente aguardado marco de um status novo e especial ou ser um evento embaraçoso e temido. Assim, a garota pode sentir-se importante, embora mantenha o assunto na esfera privada; ficar confusa e assustada; sofrer alterações de humor, câimbras e inchaço; ou não entender a razão de tanto alarde.

A sua filha vai lidar com a questão na medida em que for preparada, ao longo da vida, por meio de conversas francas e tranquilas. Se não for assim, ela corre o risco de chegar ao evento desinformada, envergonhada, embaraçada ou assustada. The Samaritans é uma linha direta para atendimento a suicidas em potencial, criada em 1953, depois da morte de uma menina de 14 anos. Sem informações, ela julgou a primeira menstruação como sinal de alguma doença sexualmente transmissível, e tirou a própria vida. Sim, parece incrível, mas ainda hoje algumas mães fogem do assunto.

A questão prática

Cuide para que a sua filha saiba o que fazer quando menstruar pela primeira vez. Ela pode não estar em casa ou não querer envolver outras pessoas na situação.

- Ela tem conhecimento dos recursos (absorventes, tampões), sabe onde encontrar e como usar?
- Ela sabe que papel higiênico serve para remediar, caso não haja outro recurso disponível?
- Ela sabe como limpar a roupa suja de sangue?

Diga à sua filha que, às vezes, acontece a primeira menstruação, e a segunda tanto pode vir em algumas semanas quanto em alguns meses. O ritmo mensal nem sempre se estabelece de início. Também é cada vez mais comum as meninas sofrerem de câimbras durante os primeiros períodos menstruais. Deixe claro que não há motivo para preocupação e que não vai ser sempre assim. Se as câimbras intensas persistirem, pode ser sinal de desequilíbrio no organismo, e deve ser consultado um médico ou naturopata.

Alguns sentimentos têm de ser conversados:

- Explique que, durante o período menstrual, emoções intensas são comuns e não devem ser reprimidas.
- Explique que o primeiro sinal de sangue pode ser assustador, tanto por seu significado quanto porque, em outras situações, sangue indica ferimento e dor.
- De maneira bem-humorada, conte à sua filha que também sofre de alterações de humor, tensão pré-menstrual, desejo de comer doce. Discuta como lidar com isso.

- Sem críticas ou julgamentos, certifique-se de que ela sabe que agora pode ficar grávida, ainda que esteja sangrando e seja a primeira vez.

Mesmo que a sua filha já tenha entrado na puberdade, nunca é tarde para conversar sobre o assunto. As garotas ficam ansiosas para ter a certeza de que são normais, que a menstruação não precisa ser escondida e que você está lá para apoiar.

Comece as conversas desde cedo. Uma boa ideia é aproveitar referências ao assunto na televisão, no rádio ou nos jornais. Use humor. Riam juntas.

Quando chegar o momento, faça com que seja especial

Quando a sua filha tiver a primeira menstruação ou contar que isso já aconteceu, reconheça que se trata de um momento especial, mas vá devagar. Trata-se de um terreno sagrado, onde se deve pisar cuidadosamente. A sua menina merece sensibilidade e respeito.

Existem várias maneiras de marcar o momento especial: um presente, uma lembrança, uma viagem ou experiência compartilhada... Talvez seja o caso de incluir aí uma experiência mais ousada, como nadar sem roupa no lago. Uma carta afetuosa pode dizer mais do que um discurso. Veja que mensagem forte:

> **Como mãe, eu lhe dou as boas-vindas à condição feminina. Agora vejo você como uma nova pessoa, mais igual a mim. Quero que ame ser mulher desde o primeiro instante. Esse é um marco importante, e comemoro a sua chegada a ele.**

O QUE É UM RITO DE PASSAGEM?

Essas sugestões talvez sejam suficientes para você, mas queremos abrir mais uma possibilidade de fazer alguma coisa que envolva outras mulheres, em especial as que tenham importância para a menina e possam ajudar. Era o que as comunidades faziam desde tempos imemoriáveis. O rito de passagem é um meio de dizer: "Enxergamos você, oferecemos apoio, reconhecemos que está crescendo e pode começar a assumir responsabilidades sobre a própria vida. É exatamente isso o que esperamos."

Existe uma forte razão para o rito de passagem. Se não dermos à jovem um marcador formal da entrada na vida adulta, ela vai criar marcadores próprios, o que infelizmente pode incluir consumo de drogas ou álcool, direção perigosa ou gravidez na adolescência. Uma quantidade significativa de comportamentos arriscados de adolescentes resulta de tentativas toscas de promover uma iniciação. A oferta de uma solução melhor pode salvar a vida delas.

Como funciona

A passagem da infância à idade adulta implica grandes mudanças no psiquismo, e, se criarmos um evento para marcar isso, é menos provável que a menina se torne uma mulher imatura. É mais provável que se torne, ao contrário, uma adulta visionária. Viver como adulta mantendo o psiquismo infantil é estressante, embora muitas vivam assim. Faz mais sentido investir energia no processo de amadurecimento, fortalecendo nas meninas o senso do que é ser mulher e ajudando-as na caminhada.

Criar um rito de passagem

O rito de passagem pode ser tão complicado quanto outros (casamento, batizado, funeral) ou deliciosamente simples. O ritual não precisa acontecer na floresta, com velas e cantos, o que muitos adolescentes considerariam bizarro.

Um rito pode ser ao mesmo tempo comum e especial. Pode ter significado, sem incluir detalhes que fariam a sua filha sentir vontade de sumir. Já se sabe que adolescentes ficam sem jeito facilmente, e a sensibilidade em relação a isso é essencial, de modo que a menina esteja presente por inteiro no evento. A mágica acontece. Nas condições adequadas, as pessoas se sentem mobilizadas a dizer ou fazer coisas surpreendentes, importantes e especiais. Um evento simples e sincero torna-se poderoso, pode acreditar. Quer seja você a responsável, ou a sua filha ajude no planejamento, é importante um rito de passagem que se encaixe nos padrões dela. Procure equilibrar conforto e desafio; ambos são necessários.

Envolver mulheres importantes

Existem três opções de rito de passagem.

A primeira, mais simples, envolve apenas você e ela, conforme já descrevemos.

A segunda inclui mulheres que amem a sua filha e se importem com ela. Na minha opinião, este é o mais poderoso, pois afirma claramente o valor que ela tem. Não há como não se emocionar, e o compromisso é de todas.

A terceira é reunir um grupo de mães, e juntas criarem alguma coisa para todas as meninas que estejam entrando na puberdade.

No entanto, um evento individual é extremamente marcante. A menina fica com se torna mais forte. Ela é a nova mulher do grupo de mulheres a que pertence, o que lhe confere importância e vigor transformadores.

Deixe-se guiar pela intuição. Converse com as mulheres da família, com amigas íntimas, com outras jovens, mas comece por você. Confie em que conhece a sua filha e sabe a melhor maneira de homenagear sua emergente condição de mulher.

PLANEJANDO O EVENTO

- Para começar, vá até a zona de conforto da sua filha e descubra o que a deixa contente.
- O que é importante para ela? O que tem significado?
- O que pode tirá-la da zona de conforto e emocionar?
- Quem pode apoiá-la?
- Quem são as mulheres importantes da vida dela? Que outras mulheres podem se envolver e ser convidadas?
- Quem vai comandar o ritual. Você, uma amiga, alguém da família, um celebrante?
- O que fazer para que ela se sinta especial?
- Alguns elementos surpresa enriqueceriam a experiência, como uma convidada, um desafio extra, uma mensagem da vovó, um presente feito especialmente para ela?
- Qual o ambiente mais adequado. Confortável, privado, especial?
- Um lembrete sobre fotografias: embora seja adorável guardar uma lembrança visual do evento, o registro pode interferir na experiência. Portanto, decida o que prefere e comunique claramente aos presentes. Minha sugestão é que só se façam fotografias ao fim do evento, mostrando todos os participantes.

Todo ritual deve ter começo, meio e fim, seguido de um encerramento, que pode ser simples – acender uma vela, dizer algumas palavras, apagar a vela e servir chocolate quente, por exemplo. Ou pode envolver muito mais.

Como é
Boas-vindas

Para deixar as pessoas à vontade, dê as boas-vindas. Se achar conveniente, lembre as que não puderam comparecer, mencione o motivo da reunião (marcar a saída da infância e a entrada da menina na idade adulta) e explique o que vai acontecer. Talvez você queira falar um pouco sobre a parceria com a sua filha para chegar ali. As convidadas vão gostar de saber o que se espera delas. Contato físico contribui para conferir intimidade à reunião, e, embora frequentemente espontâneo, pode dar o tom, desde que todos se sintam confortáveis: dar as mãos, lavar ou massagear os pés ou as mãos da menina, abraçar, beijar, pousar as mãos sobre a cabeça dela.

O evento

É quando você faz alguma coisa que dê significado e propósito. As possibilidades são infinitas. A própria menina pode ter alguma coisa preparada para esta parte da cerimônia. Talvez queira declarar intenções ou assumir compromissos, por iniciativa própria ou para atender a um pedido seu.

Bênçãos e presentes

As palavras ditas durante um ritual pesam. Pode ser um bom momento para dizer palavras de apoio, reconhecimento, advertência e sabedoria.

O presente simbólico

Dê à sua filha um presente que simbolize e reconheça sua realização; que sirva como talismã e lembre a força do momento. O tempo que você dedica a escolher e preparar o presente é mais importante do que o custo.

Ideias de presentes: uma bolsinha com pequenas utilidades; uma joia de família; uma pedra em forma de coração; uma carta afetuosa; uma lembrança significativa do passado; um poema; uma árvore plantada em lugar especial; uma relíquia de família; alguma peça artesanal; uma caixinha.

Fim

É importante as pessoas saberem quando a cerimônia termina. Agradeça a presença e apague uma vela, mande um beijo para a sua filha, bata palmas, abrace, dê vivas, puxe um coro com o nome dela, o que achar melhor.

Divertimento

Encerre com uma celebração: uma convidada especial, uma comidinha... Talvez a sua menina queira dançar. Ou música, apenas.

Você gostaria de preparar um evento especial para a sua filha, quando ela ficar mocinha?

☐ SIM   ☐ TALVEZ   ☐ NÃO

Você gostaria de pedir a ajuda de outras mulheres que têm importância na vida dela?

☐ SIM   ☐ TALVEZ   ☐ NÃO

Você espera ansiosa pela primeira menstruação da sua filha, por considerá-la um marco na vida?

☐ SIM

☐ SIM, MAS COM CERTO RECEIO

☐ NÃO, ESTOU APAVORADA!

Espero que a resposta tenha sido "sim". Se não, desejo que, ao chegar o momento, já tenha desenvolvido confiança!

"Ela com certeza vai ficar emocionada, e todas as envolvidas vão perceber a força do compromisso."

PAIS, FILHAS E LIMITES

Uma vez que o pai pertence ao sexo oposto ao da filha, é importante que haja sensibilidade no que se refere aos limites da privacidade dela. Respeite o espaço de sua filha A partir da entrada na puberdade, ou antes, as meninas às vezes zelam muito por sua privacidade. Assim, ainda que a família lide naturalmente com o corpo, e as pessoas até tomem banho juntas, por exemplo, depois de certa idade as coisas podem mudar.

Aqui estão algumas sugestões:

1. Não abra a porta do banheiro quando ela estiver lá dentro.
2. Sempre bata à porta do quarto dela e, como regra geral, só entre quando for convidado. É importante a garota saber que dispõe de um lugar seguro e particular.
3. Quando for abraçar a sua filha, verifique se ela retribui o gesto ou se fica tensa e se retrai. As reações podem ser diferentes em ocasiões distintas.
4. Se estiver preocupado e achar que deve verificar alguma coisa no quarto da sua filha, peça à mãe dela que faça isso. As meninas podem sentir-se desrespeitadas pela mãe e ficar aborrecidas, mas, se o pai faz a mesma coisa, sentem-se invadidas e traídas.
5. Se você cria sua filha sozinho, conversar com ela sobre coisas de menina não é problema. Ela pode até gostar. Mas veja se ela se sente mais confortável em fazer isso com uma mulher em quem confie – uma tia ou avó, por exemplo. Deixe-a decidir.

Nos maus e velhos tempos, os papais evitavam tocar as filhas, em especial quando elas se aproximavam da puberdade. Muitas mulheres com quem conversei sobre o assunto lembraram com tristeza que, na adolescência, sentiam o pai distante. Quando isso acontece, a menina às vezes pensa que há algo de errado; que o pai não gosta mais dela ou não está satisfeito em ver que ela está crescendo. Se agirmos com sensibilidade, como deve ser com qualquer pessoa, podemos manter as demonstrações de afeto por meninas e meninos, em todas as idades.

As
tias

Em poucas palavras

- As tias representam uma parte antiga e essencial do desenvolvimento das garotas, em especial na adolescência, mas sua importância começa muito mais cedo.

- O rito de passagem ajuda a menina a entrar na puberdade de maneira mais positiva e libertadora. A criação de um evento, em especial com o envolvimento de mulheres importantes para a vida dela, pode representar uma tocante introdução à idade adulta, fazendo com que ela cresça de verdade.

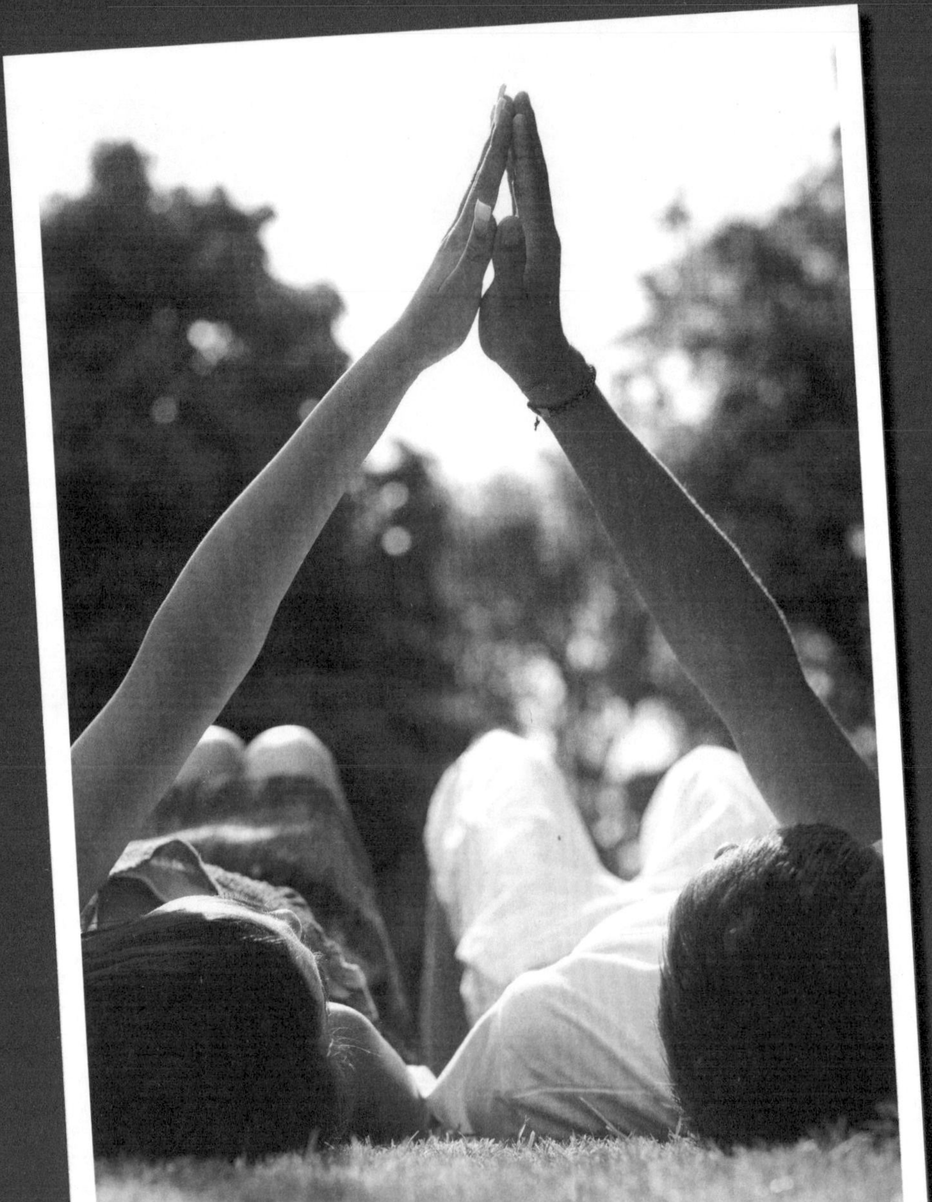

Capítulo Sete

Sexualidade feliz

"Muita coisa no mundo está melhorando para as garotas. O sexo não é uma delas. Ainda não lhes transmitimos mensagens suficientemente positivas sobre como o sexo pode ser bom. E a explosão da pornografia, com ideias violentas e despersonalizadas, está ensinando erroneamente os garotos. Elas precisam aprender que merecem mais; e eles precisam ser mais bem informados."

> Abby interrompeu o beijo com um sorriso, como se precisasse de ar. Com a testa delicadamente encostada à dela, Luke olhava para baixo. Os dois tinham 16 anos e viam-se quase todo dia. Às vezes falavam da vida, às vezes ficavam juntinhos apenas. E havia aqueles beijos.
>
> Ele nunca a pressionava para ir além, e esse era um dos motivos pelos quais ela gostava tanto dele e de estarem juntos. Em alguns momentos, Abby até sentia vontade de avançar, mas achava melhor não. Daria um fora no garoto que tentasse apressar as coisas. Na verdade, tinha feito isso no passado, e não queria repetir a experiência. Queria alguém que caminhasse no mesmo passo.
>
> Ela sabia que, quando decidisse fazer sexo pela primeira vez, seria maravilhoso, mas alguma coisa lhe dizia que ainda era cedo. Quando chegasse a hora, ela saberia com certeza.

Muitos de nós, os papais, principalmente, preferem não pensar nas filhas como seres sexuais. Esse assunto sempre foi um tanto assustador e arriscado. Pena que seja assim! Sem pensar, como conversar? E, sem conversar, como ajudar? Este capítulo trata disso.

Na área da sexualidade, a maioria dos pais tem dois objetivos. Primeiro, que os filhos se tornem adultos com uma vida amorosa feliz, excitante, sincera e próxima. Segundo, queremos que a jornada até lá seja lenta (provavelmente escolheríamos MUITO LENTA!) e segura, sem sofrimentos ou decepções. E sem exploração, com certeza. Sobrevivemos à adolescência e sabemos dos perigos. Sabemos que sexo é alegria, mas também tem um lado escuro.

Atualmente, o lado escuro predomina. Quem convive com jovens vem observando no mundo inteiro a súbita e perturbadora tendência a experiências sexuais infelizes e prejudiciais. Não é difícil encontrar a causa. O surgimento da pornografia on-line e sua ampla utilização pelos jovens, garotos em especial, vem criando uma geração mal informada. Além disso, uma vez que não contamos com uma boa educação sexual nas escolas, e o tema ainda é difícil em casa, falta encarar de maneira adequada os efeitos incrivelmente negativos da pornografia.

Felizmente já dispomos de informações consistentes, e os jovens estão ansiosos por uma orientação, embora às vezes pareçam distantes e fechados. Por terem o cérebro frequentemente ainda imaturo para fazer boas escolhas, eles precisam de acompanhamento e limites. E necessitam, acima de tudo, pensar e falar livremente, além de conhecerem nossa visão muito positiva do sexo. Garotas que mantêm com os adultos com quem convivem uma relação aberta e formadora esperam mais, escolhem melhor e vivem experiências mais felizes.

Não importa a idade da sua filha. Sexualidade é uma aprendizagem que se estende pela vida. Vamos ensinar à garota que:

1. Sexo é bom.
2. Seu corpo lhe pertence.
3. Ela merece ser feliz e livre na maneira de amar.

UMA VOZ NA IMENSIDÃO

A australiana Melinda Tankard Reist está diante de uma plateia formada por 200 garotas com idades entre 12 a 18 anos. Vestidas em seus uniformes escolares, elas se sentam em círculos sobre o chão e, surpreendentemente, estão em completo silêncio. Melinda criou o Collective Shout (Grito Coletivo), uma rede nacional de jovens unidas contra a exploração sexual de mulheres e meninas. Ela percorre dezenas de vezes por ano as escolas do país, com palestras sobre sexo, pornografia e amor, para garotas de todas as etnias e segmentos da população. Quando Melinda encerra a fala, a plateia explode em aplausos e agradece, emocionada, a mensagem. Em seguida, as garotas se aproximam para relatar as próprias experiências, como ser tocadas ou assediadas por homens ou garotos, em transportes públicos; alvos de comentários ou olhares maliciosos, no pátio da escola; pressionadas por namorados a fazerem o que não queriam. São relatadas ainda situações em que elas fazem sexo consentido, mas o garoto que até então parecia confiável e gentil se torna grosseiro, agredindo-as fisicamente ou dizendo palavras humilhantes.

Quando Melinda aborda o assunto com rapazes, eles demonstram vergonha. Reconhecem aquelas atitudes, mas dizem não perceber o que há de prejudicial ou desrespeitoso em seu comportamento. Literalmente acreditam fazer apenas o que se espera deles.

Nossos meninos crescem em um mundo que, em questão de sexo, não é um lugar feliz. O sexo tem sido usado equivocadamente na propaganda, na mídia, em clipes musicais e, mais poderosamente, na enxurrada de pornografia on-line. Isso tem distorcido as ideias dos jovens acerca do sexo como parte de uma relação afetuosa que se desenvolve aos poucos.

Um recente estudo do Burnet Institute em Sydney, na Austrália, concluiu que 90% dos garotos e 60% das garotas tinham sido expostos à pornografia entre as idades de 13 e 16 anos. Para eles, a idade média do primeiro contato era 13 anos. Entre os garotos adolescentes um pouco mais velhos, 44% assistiam a vídeos pornográficos semanalmente, e 37%, diariamente. Bastante. A indústria da pornografia é altamente lucrativa. Nossa sociedade de consumo vem industrializando a sexualidade, e as crianças são seu primeiro apelo experimental.

Na geração anterior, os garotos se escondiam para ver, na *Playboy*, fotografias de moças de olhar provocante, deitadas sobre lençóis de cetim. Hoje é bem diferente. Segundo um estudo, 88% do material de pornografia descreve violência contra a mulher, e mais de 50% dos exemplos incluem ofensas verbais. Defensores da pornografia argumentam que boa parte desse material se constitui de BDSM (bondagem, dominação, sadismo, masoquismo), que é consensual, mas não tenho certeza se adolescentes compreendem isso ou tiram daí algum benefício. Os mais velhos sabem que aquelas mulheres foram pagas para fingir gostar do tratamento – tapas, estrangulamento, puxões de cabelo e ofensas verbais. Para um menino de 14 anos, porém, a visão equivocada é desconcertante, se não perigosa.

Felizmente nem todos os garotos se expõem com a mesma intensidade pois, quando os pais monitoram o tempo que passam conectados, a exposição é bem menor. É claro que a mensagem nem sempre é assimilada, mas sem dúvida cria na mente do menino um conflito entre a empatia e gentileza que ele aprendeu na infância e o que é encenado. O cérebro se altera. Então, quando estão na companhia de uma garota de verdade, é difícil apagar a imagem ou impedi-la de voltar.

POR QUE A PORNOGRAFIA SE TORNOU VIOLENTA?

Homens e meninos também são seres humanos; também liberam no sexo a ocitocina que promove a ternura e a proximidade. Assim, sentem falta de carinho, confiança e paixão. No entanto, os filmes e fotografias não respondem. Segundos depois, o usuário se sente vazio. Não existe a sensação gostosa de descansar nos braços de alguém que se importa com você. Além disso, o corpo logo se acostuma ao fluxo de endorfina resultante da simples excitação, e a pornografia vai perdendo o impacto. Precisa de novidades. Na próxima vez, tem de haver mais, tem de ser mais forte, explícita, radical e, inevitavelmente, mais violenta. O que alguns rapazes chegam a ver é chocante demais para ser descrito aqui.

A situação tem perigosos efeitos colaterais. O absurdo de uma mulher sendo abusada na tela se resolve pela decisão de que ela deve merecer o que recebe. A empatia morre, e cresce a misoginia. Nasce uma espécie de zumbi, um ser que vive no mundo onde sexo e relacionamento não se combinam. Os garotos dependentes da pornografia crescem menos capazes de se relacionar com garotas de carne e osso.

Para quem lutou pela liberdade sexual, a situação atual é um grito de alerta. Campanhas pelo banimento ou restrição da pornografia, que poucos anos atrás passariam despercebidas, são agora discutidas a sério, por mais difíceis que sejam seus objetivos. O banimento da pornografia infantil deve vir acompanhado de restrições à literatura erótica com violência. Se o leitor tiver de provar que é adulto, já será um passo importante.

Mas voltemos às garotas. Como abordar o assunto com as que estão entrando na adolescência?

Aqui está o que Melinda e outros educadores que seguem a mesma linha de pensamento dizem a respeito:

1. Elas são cada vez mais pressionadas a práticas sexuais que não querem e de que não gostam. Essa pressão frequentemente se torna o foco central do relacionamento com garotos que elas acreditavam gostar delas e de sua companhia.

2. Os longos momentos de conversas, risos, carinhos e beijos, antes comuns entre adolescentes, não acontecem mais. São vistos como perda de tempo na busca do objetivo.

3. Não existe mais sensualidade no sexo, não há ternura nem prazer. Usa-se a carne, apenas. O sexo é de má qualidade.

4. Como resultado, aos 16 ou 17 anos as garotas se desiludiram completamente com o sexo, pela falta de habilidade, conexão ou sensibilidade dos garotos que passam por sua vida. O sexo vira rotina, um fardo pesado imposto a quem quiser companhia masculina. (Que moderno!)

5. Relacionamentos com sexo a partir de 14 ou 15 anos raramente duram mais de algumas semanas. Eles criam um baixo nível de expectativa, uma espécie de resignação, e levam a múltiplos relacionamentos igualmente vazios.

A situação não afeta apenas as meninas sexualmente ativas, mas o mundo social em que nossas filhas transitam – na escola, na universidade ou nas ruas – acaba sendo constantemente sexualizado de maneiras desconfortáveis e invasivas. A garota se sente avaliada e comparada conforme critérios da mídia sexual e da aparência. Alguns garotos olham para ela desrespeitosamente e julgam-se no direito de tocar, molestar ou fazer coisa pior.

As garotas perdem a força e passam a deixar as próprias necessidades em segundo plano. Quando relatam a Melinda sua primeira experiência sexual, preocupam-se apenas com a opinião do parceiro: "Parece que ele gostou."; "Será que eu fiz direito?"

Durante o ensino médio, crescem os pedidos de nudes. Os meninos esperam isso das meninas, e elas dizem: "Como recusar, sem que ele fique magoado?" Acontece que as fotos podem ser trocadas, usadas como vingança ou como chantagem para obter encontros sexuais, e depois compartilhadas assim mesmo. Em vários países, muitas garotas cometeram suicídio, sentindo-se traídas e humilhadas.

Outro efeito colateral é o quase desaparecimento da verdadeira amizade, antes parte importante da juventude e base da confiança, por medo de uma conotação sexual.

O QUE FAZER, ENTÃO?

Diante da avalanche de desencontros, as respostas de educadores e ativistas vêm de várias frentes, mas têm um núcleo central: a declaração consistente dos próprios sentimentos, sempre mencionada nas palestras de Melinda. Você Não É Obrigada. Você não está no mundo para satisfazer os rapazes, e é seu direito defender desejos, prazeres, valores e escolhas.

Vale a pena deixar claro que não se prega a abstinência nem se quer que as garotas sejam guardiãs da moral. Isso seria um tremendo equívoco. Trata-se de dizer que sexo é ótimo, e cada uma decide o que quer fazer, quando e com quem.

É chocante que ainda seja preciso dizer isso às garotas.

Mensagens positivas fazem bem

A educadora americana Peggy Orenstein, que há 20 anos escreve sobre a vida de mulheres e meninas, publicou em 2016 um livro de grande sucesso: *Girls and sex* (Garotas e sexo). Pela praticidade, suas ideias logo encontraram apoio.

Orenstein observou que, em especial nos Estados Unidos, a educação sexual das meninas era bastante deficiente. Não que fosse errada, mas com um foco equivocado. Os ensinamentos se resumiam a "Não fique grávida", "Não adquira doenças sexualmente transmissíveis"; àqueles diagramas estranhos mostrando os ovários e as trompas de falópio, em formato de chifres de vaca; e a risadinhas nervosas por causa do uso de preservativo. Alguma pergunta? Não?

Faltavam as emoções. E o mais importante: como pode ser bom. Educadores lutaram por quase um século para, ao menos, informar as meninas, mas contiveram o entusiasmo. No entanto, fortes indícios apontam que as garotas cujas mães, tias, professoras ou quem lhes sirva de exemplo ensinam que sexo é fantástico, comovente, intenso, fascinante – e pode ser assim também para elas – vivem as melhores experiências.

Veja como agem essas garotas:

1. Evitam experiências sexuais precoces, às vezes adiando-as por vários anos.
2. São muito mais criteriosas em relação aos parceiros de experiências semissexuais.
3. Conseguem as condições e circunstâncias que desejam para fazer amor. Em geral, sem o consumo de bebidas alcoólicas e com a certeza de que realmente o momento é certo. E acham maravilhoso.

Em resumo, retomam o controle sobre o próprio corpo, o que faz com que tudo corra bem. Não é o que você quer para a sua menina?

Foi bom para você?

Tivemos uma longa e intensa explosão de ideias, com poucas oportunidades de autoanálise. Você com certeza espera ansiosamente por isso!

Na adolescência, quanto de informação/preparação para a vida sexual os seus pais lhe proporcionaram?

(A opção 4 significa muito bom.)

0   1   2   3   4

Qual foi a principal mensagem que recebeu dos seus pais?

....

....

Considera boa ou útil a educação sexual que recebeu na escola, se é que houve alguma?

0   1   2   3   4

Qual foi a principal mensagem que recebeu da escola?

....

Considera felizes as suas primeiras experiências sexuais?

0   1   2   3   4

A situação melhorou. Você aprecia a sua sexualidade agora?

0   1   2   3   4

Se for o caso, o que impediu a opção pelo número 4 na questão anterior?

....

Você se sentiria confortável, se a sua filha soubesse que sexo é ótimo?

....

Mais uma vez, aceite um abraço, caso tenha encontrado dificuldade em responder às perguntas. Muitos pais e mães até hoje sofrem por causa da vida sexual, e claro que acham difícil passar às filhas uma mensagem positiva. Mas é importante trabalhar isso.

Nós merecemos, e elas merecem. Ainda que tenhamos a honestidade de dizer: "Ainda não cheguei lá." Para meninas de 14 anos ou mais, esse tipo de sinceridade, principalmente entre mãe e filha, é precioso e enriquece o relacionamento. Embora talvez não seja adequado contar a ela tudo sobre a sua vida, um panorama geral pode servir para mostrar que não há segredos nem incoerências. Em família, é comum sabermos coisas um do outro, mas não temos certeza se devemos deixar que os outros saibam que sabemos. É um alívio esclarecer!

**ELIZABETH CLARK:
Consultora Profissional
Habilitada**

Elizabeth é consultora profissional habilitada e dedica-se a adolescentes em situação de risco enviados por tribunais ou conselhos tutelares. Seus livros incluem *Parenting plugged-in teens: becoming their GPS in a cyber-sexual world* e *Molly top's teen guide to love, sex and no regrets* (Educação de adolescentes conectados: Como ser um GPS em um mundo cibersexual e Guia adolescente de Molly para amor e sexo sem arrependimento, em tradução livre). Elizabeth percorre os Estados Unidos em palestras sobre jovens e internet, e acredita que a atual geração tem muito a ganhar com a conexão que o ciberespaço proporciona, desde que haja foco na felicidade e na prudência.

COMO AJUDAR A SUA FILHA A SE MANTER FELIZ E NO COMANDO

Na minha opinião, a melhor educadora sexual do mundo está em uma cidadezinha nas montanhas do Colorado: Elizabeth Clark. Seu livro *Molly top's teen guide to love, sex and no regrets* consegue ser ao mesmo tempo atraente, engraçado, inteligente, sutil e muito claro. Seu objetivo é fazer com que a garotada aproveite ao máximo os momentos de intimidade, sem atropelos.

Elizabeth se dirige especialmente à sua atitude de pai ou mãe durante os anos de despertar da sexualidade. Ela descreve esse período como um Porsche na estrada com o motor ligado; você não vê a hora de dirigir.

Elizabeth lembra que, mesmo há 50 anos, apenas cerca de 5% dos casais esperavam para fazer sexo depois do casamento. E, desde a década de 1960, a idade média das pessoas que se casam passou de 18 para 28. Os jovens vão fazer sexo. Alguns aos 25, alguns aos 18, e outros, infelizmente, aos 12. Precisamos saber e ajudá-los a lidar com isso.

Elizabeth traça algumas diretrizes bem claras, que vou tentar resumir, e mostra as diferenças entre o mundo das nossas meninas e o nosso mundo.

Mas leia o livro; ela explica muito melhor que eu.

> Até os primeiros anos do século 21, pouca coisa havia mudado. Foi então que a internet começou a ter mais importância nos ensinamentos e exemplos de sexo para adolescentes. Os jovens passaram a tratar o assunto de maneira diferente. Além de confusos, eles viviam experiências negativas. As garotas saíam machucadas física e emocionalmente, e os garotos se sentiam mais pressionados e culpados do que nunca. O problema não era a maior quantidade de adolescentes fazendo sexo, mas a qualidade do sexo, que passava de embaraçoso a quase abusivo.

Elizabeth observou a questão em perspectiva e concluiu que muita coisa vinha melhorando para os adolescentes. Estavam mais confiantes, mais comprometidos uns com os outros, se comunicavam e raciocinavam melhor. A internet tem suas qualidades. No entanto, as alterações do clima sexual abafaram esses pontos positivos.

Como se faz

Elizabeth aconselha começar delicadamente. Claro que são úteis as conversas ao longo da vida – de acordo com a idade – sobre sexo e reprodução, amor e afeto. A estranha ideia de uma conversa séria, tão temida por nós e pelos nossos pais, é um modo terrível de fazer as coisas. Sexo faz parte da vida. As crianças veem os animais cruzando, e as fêmeas dando à luz. E o jovem pode ser convidado por algum coleguinha a ver imagens repulsivas no celular ou no laptop. Então, é preciso discutir o assunto natural e continuamente, em vez de fazer um grande drama.

Agora, o mais surpreendente: eles querem que a gente faça isso. Elizabeth diz:

> Segundo pesquisas, adolescentes querem que os pais conversem mais com eles sobre sexo. Isso mesmo. Mas com tanto acesso ao tema, por que iam querer ouvir o que temos a dizer? Porque a maior parte do que veem em filmes, programas de tevê ou material pornográfico é fantasia vendida como verdade. Assim, quando os jovens tentam imitar tais fantasias na vida real, ficam terrivelmente desapontados e, com frequência, tristes. Muitos não se expressam em palavras e acreditam que não se pode ter nada melhor. Outros se preocupam secretamente com a possibilidade de haver alguma coisa errada com eles, uma vez que temem e não 'curtem' o sexo. Conheci garotas que mal completaram 18 anos e dizem com apatia que deixaram de lado a sexualidade.

Eles querem falar conosco. Estão em dificuldade. Precisamos ajudá-los. Elizabeth adverte que devemos ir devagar. Primeiro, criar uma abertura. Pergunte, o mais naturalmente possível: "E aí, como vai a vida amorosa?" Instituir esse tom à conversa a torna bem mais respeitosa do que perguntar sobre a vida sexual. Além disso, perguntando sobre a vida amorosa, você está englobando todos os assuntos, de namoros a distancia a uns beijinhos ou sexo. Porque sexualidade inclui essas etapas.

Eles vão sorrir, ficar calados ou aborrecidos. Tudo bem.

Então, a pergunta "Tem conversado com alguém pela internet?" pode levar a todas as reações, como um nome, um suspiro, mais aborrecimento, mas não faz mal. Eles agora sabem que você sabe, e está tudo bem.

Neste momento, você dispõe apenas de cinco segundos antes que eles se fechem. Portanto, diga só: "Sei que a internet tem coisa boa e coisa ruim. Se eu fosse da sua idade, ia querer dar uma olhada."

Só mais três segundos: "Gostaria de conversar sobre isso com você qualquer dia desses." Pronto.

Eles sabem que você sabe. E que vai voltar ao assunto. E você volta, mas aos poucos. Sem forçar. Se for o caso, assista a filmes ou programas de televisão e converse sobre os bons e maus aspectos da sexualidade retratada. Talvez dê para aproveitar um trajeto de carro, para ouvir e perguntar sobre a vida dos amigos deles. Outro bom tema de conversa é o bombardeio de imagens sensuais disparado pela mídia; pergunte como eles se sentem ao ver esse tipo de foto em peças publicitárias.

Você pode oferecer bons livros, visitar sites ao lado deles. Envie por e-mail sugestões e ideias que tenha lido.

O importante é que sexo se torne algo a ser pensado e discutido. Quando dispõem de informação, podem pensar e têm escolha. Não se trata de estabelecer regras. Trata-se de dizer: "É importante agir com inteligência. Sei que é complicado. Todo mundo sabe. Você é quem manda. Pode escolher o que achar adequado."

Conversa sobre pornografia

Você também pode conversar sobre pornografia. As ideias claras de Elizabeth ajudam. Mostre a lista a eles. Pergunte se está de acordo com o que têm visto. Diga claramente: "Estes são mitos. Sexo feliz e verdadeiro não é assim."

Os seis mitos da pornografia

1. Sexo é anônimo. Não importa se você sente atração pela outra pessoa ou vice-versa. É melhor que não seja real. Que não tenha sentimentos, família, preocupações, alma, futuro ou limites físicos.

2. Sexo é rápido. Não há beijos nem carinhos, para não perder tempo.

3. Sexo é desconectado. Os olhos não se encontram. Os corpos não costumam ficar de frente um para o outro. Não há sorrisos nem encontros de almas, porque não importa quem está com você.

4. Mulheres gostam de degradação. Mulheres podem ser socadas, estapeadas e imobilizadas, humilhadas e descartadas. São burras e não valem nada. Mas a mensagem importante da pornografia é que nada disso importa, porque mulheres

adoram degradação e abuso. Ficam excitadas. Faz parte do prazer. (E por que será que quase nunca o homem é agredido ou humilhado?)

5. **Mulheres estão sempre prontas.** Garotas sensuais sempre estão dispostas ao sexo – a qualquer hora, em qualquer lugar, com qualquer um, de qualquer jeito. Seu corpo não faz questão de tempo nem de toque ou relacionamento.

6. **Sexo pornográfico é bom demais.** Quando o filme acaba, todo mundo está feliz e satisfeito.

Garotas também têm acesso a material pornográfico, embora nem de perto com a frequência dos garotos. Segundo estudos e relatos, porém, quando elas são expostas precocemente à pornografia, podem ficar dependentes. Acontece que as garotas, em sua maioria, sabem que os atores estão fingindo – as atrizes, em especial. Diferentemente dos garotos, que acreditam no que veem.

No mundo efervescente do sexo adolescente, menos de um quinto das garotas chega ao orgasmo. O resultado, segundo Elizabeth, é um sexo desagradável, descuidado, insatisfatório e humilhante, até mesmo para os garotos. Na universidade, as moças sexualmente ativas com mais de um parceiro por ano experimentam altos índices de depressão clínica. Se não ajudarmos, a pornografia vai destruir sua vida sexual. E, uma vez que o sexo deve ser uma parte intensa, estimulante e agregadora da vida, trata-se de uma grande perda.

Sexting (mensagens com teor sexual)

É possível que, mais cedo ou mais tarde, a sua filha se sinta pressionada por um garoto a enviar "nudes". Um pedido assim pode fazer a garota se sentir especial, desejada. Ou preocupada. Ou talvez esses sentimentos se combinem. Como diz Elizabeth, os garotos não desistem:

Os garotos pedem, pedem, pedem...
Parecem adoráveis e fingem-se magoados
pela rejeição. Prometem amor. Prometem
não mostrar a ninguém. Ficam zangados.
Ameaçam. Eles não desistem.

Mais ou menos uma em cada três garotas acaba enviando a foto, mas se arrepende quase imediatamente. O garoto pode se exibir para os amigos e usar a foto, que para ele é um troféu, para pedir mais ou chantagear e humilhar, caso ela termine o relacionamento. É arriscado. Atualmente, a estratégia faz parte do namoro, mas não é boa ideia.

Converse com a sua menina. Ainda que ela decida ceder, converse e ajude, para que possa decidir-se pelo melhor.

Elizabeth diz muito mais nos livros, mas sempre recomenda conversas leves e casuais. Nada de seriedade ou lições de moral. Apenas uma discussão sobre o que você acha certo. Mantenha a porta aberta. Seja amigável, use o bom humor. Jovens sentem medo de críticas e, em especial, de perderem alguns de seus eletrônicos. Limitar o uso, tudo bem. Por exemplo: desligar o Wi-Fi à noite e proibir o uso de telefone celular no quarto depois de determinado horário para que possam relaxar. Mas negocie o que for razoável. Não castigue a sinceridade deles.

Meu parágrafo favorito é este:

> **Você pode dizer a eles o que é a verdadeira sexualidade. Diga que fica muito melhor quando a outra pessoa é conhecida, e a sexualidade é descoberta aos poucos. Diga que devagar é mais seguro, mais saudável e mais feliz. Fale do prazer de seguir passo a passo, do beijo à relação sexual e de como a pornografia anula esses passos. Todas as etapas são prazerosas e dão tempo para que os dois desenvolvam amor e confiança.**

O segredo é o respeito

Embora existam aspectos específicos, no panorama geral pode-se dizer que o sexo bom é construído. No final, tudo se resume a respeito. Só se pode falar e ouvir quando há segurança emocional. Quando a menina cresce sendo respeitada e vê os outros tratados com respeito, leva isso para os relacionamentos.

Na sua casa, qual o nível de respeito? (A opção 4 significa totalmente de acordo.)

1. Papai trata a mamãe com respeito.

    0   1   2   3   4

2. Mamãe trata o papai com respeito.

    0   1   2   3   4

3. As pessoas se tratam com afeto e delicadeza.

    0   1   2   3   4

4. Não há críticas humilhantes.

    0   1   2   3   4

5. Os gordinhos não são pressionados, e ninguém critica a forma física do outro.

    0   1   2   3   4

6. Os meninos tratam as irmãs com respeito.

    0   1   2   3   4

7. As meninas tratam os irmãos com respeito.

    0   1   2   3   4

8. Fora de casa, você se dirige respeitosamente e não faz comentários depreciadores, nem em particular.

0   1   2   3   4

9. Você não assiste a cenas de violência na televisão, em filmes ou jogos de computador, nem permite isso na sua casa.

0   1   2   3   4

10. Você mantém abertas as linhas de comunicação, de modo que tudo possa ser conversado e ninguém tenha medo de expor dúvidas nem de fazer perguntas embaraçosas.

0   1   2   3   4

Some as respostas, para obter o quociente de respeito da família.

....

Um total entre 30 e 40 indica um bom panorama. Ótimo!

- **20-30** Você está agindo bem, mas precisa focar nos aspectos que obtiveram 2 ou menos. Volte e faça um círculo em volta deles.

- **10-20** Zona de perigo, mas a situação não é rara. Comece a fazer mudanças. Veja se a família não está sob estresse. É preciso trabalhar em equipe, em vez de um sabotar o outro.

- **0-10** Parece uma família em que as pessoas não se sentem muito bem. Ainda que todos já estejam acostumados, não é bom as crianças conviverem com tantas críticas e negatividade. Ajuda profissional ou cursos para pais podem ser boas ideias. Se houver violência, essa ajuda se torna essencial. Todos merecem e precisam estar em um lugar melhor.

Respeito por ideias, pontos de vista, qualidades e aparência física diferentes é a chave da vida. O ser humano é passível de falhas. Trate os outros com respeito, ainda que não mereçam. E respeite-se. Assim, a sexualidade feliz está garantida.

Sexualidade feliz

Em poucas palavras

- As garotas precisam saber que sexo é ótimo. Essa é a melhor imunização contra o abuso e a baixa autoestima.

- A pornografia transmite aos jovens sete mensagens equivocadas e perigosas, além de atitudes violentas e degradantes em relação a meninas e mulheres. Isso tem causado muitas experiências desagradáveis aos jovens.

- Pai e mãe são as pessoas mais indicadas para conversar com eles naturalmente, ajudando-os a pensar com clareza e tomar decisões.

- As garotas têm de saber que não precisam se conformar com menos do que uma sexualidade feliz.

- Toda família possui um quociente de respeito. Cuide para que a sua alcance o conceito mais alto possível.

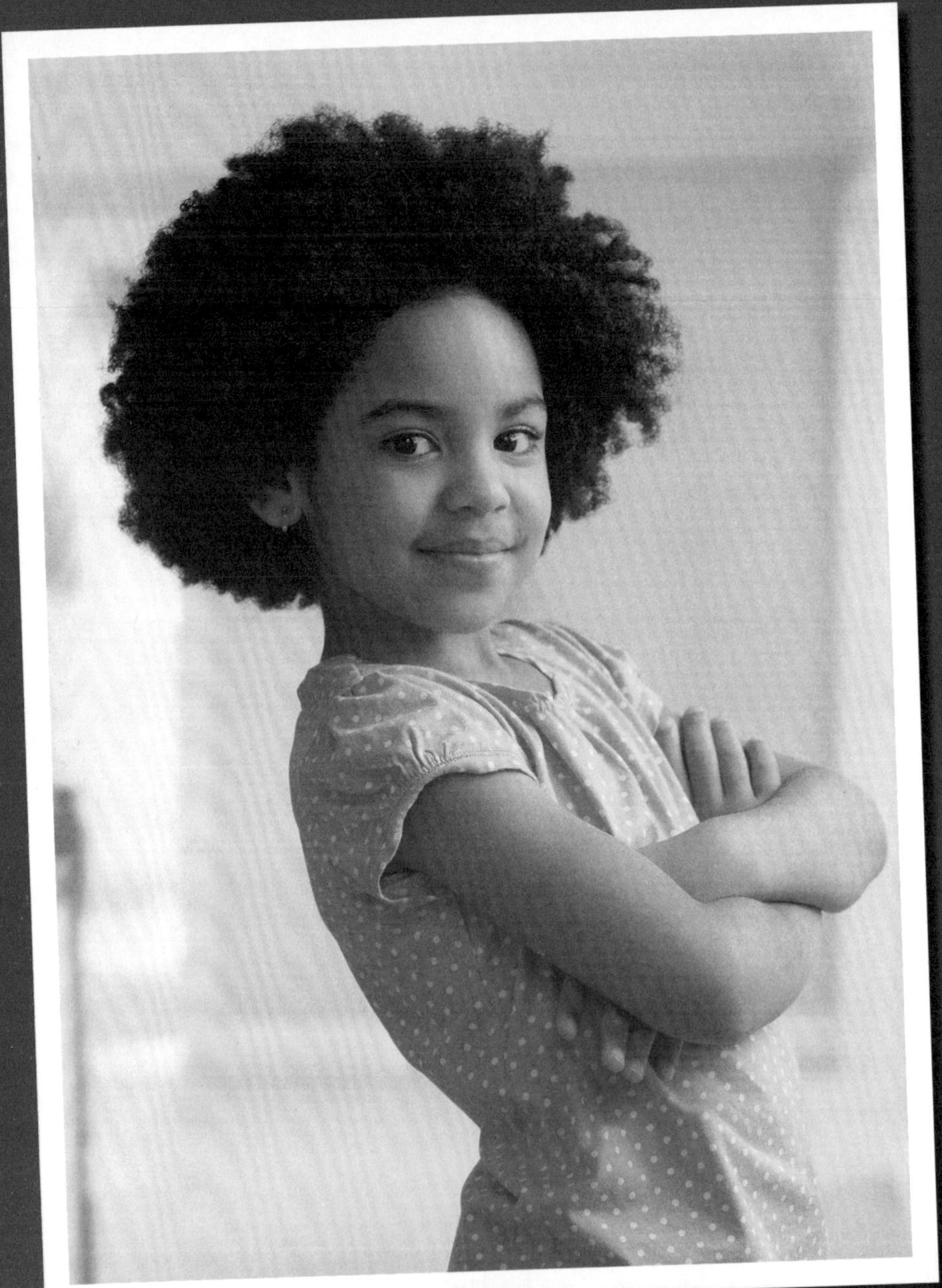

Capítulo Oito

Força interior

> "Não há dúvida. Para viver neste mundo, a garota tem de ser forte. Mas como podemos transmitir a ela essa qualidade? De onde vem a força interior?"

> Duas das pessoas que mais amo no mundo formam um casal mais ou menos da minha idade e, assim como eu, criaram duas crianças na área rural da Austrália. Aos 32 anos, Cheryl recebeu o diagnóstico de esclerose múltipla, e, quando os filhos entraram na adolescência, ela já estava na cadeira de rodas. A família se adaptou. Com um só para dirigir o carro, as atividades de fim de semana ficaram reduzidas à metade. Além disso, a renda familiar passou a contar somente com o salário do marido, apesar do aumento nas despesas. Cada adolescente preparava uma refeição por semana. Lisa, de 13 anos, pesquisava as receitas. Aaron, de 15, sempre fazia espaguete à bolonhesa.
>
> Ele e ela faziam longas caminhadas diárias até a escola e arranjaram empregos em meio expediente, para equilibrar as finanças. Lisa hoje é advogada com especialização em direitos humanos e trabalha no Haiti. Ela sabe se defender. Aaron é engenheiro aeronáutico. O quadro de Cheryl piorou, e ela está tetraplégica. Todos os dias são muito difíceis, embora ela tenha a certeza de que pode contar com o amor do marido e da família. Os filhos e netos fazem contato por skype a cada dois dias, estejam onde estiverem. A vida ainda é bela.

Se quisermos resumir o caráter do ser humano, chegaremos a dois componentes: espinha dorsal e coração – força e afeto. É isso que compõe as pessoas maravilhosas. Elas são gentis e atenciosas, mas também confiáveis, firmes e fiéis à palavra empenhada. As duas qualidades se complementam: força sem afeto leva à brutalidade; mas afeto sem força de nada serve. Quem não conhece alguém com um discurso afetuoso que, em caso de necessidade, não se mostra confiável?

A vida requer força e coragem, mas não como a maioria das pessoas pensa. A verdadeira força vem de dentro. Aquela que manda seguir adiante, ainda que sob extremo cansaço, quando todas as fibras do corpo querem desistir. Aquela que manda insistir no que é certo, apesar das críticas. É a coragem da garotinha que enfrenta os intimidadores e manda deixarem sua amiga em paz, embora eles sejam maiores e mais numerosos do que elas.

Essa força é exatamente aquela que você espera dos amigos, dos parceiros, do pai e da mãe. "Pode contar com Margie. Se disse que viria, ela virá." "Ninguém engana Ange. Ela é pequena, mas diz o que pensa." "Dolores é gentil, mas incrivelmente determinada. Se não for certo, ela não vai fazer."

Neste capítulo, veja como transmitir força à sua filha. E entenda como ajudá-la a transformar-se em uma pessoa que vai encher você de orgulho.

Primeiro, vamos a uma breve autoavaliação:

Até que ponto você se considera uma pessoa forte?

- ☐ DE JEITO NENHUM
- ☐ UM POUCO
- ☐ RAZOAVELMENTE
- ☐ FORTE COMO FERRO

Você vem ficando mais forte no decorrer da vida?

- ☐ DE JEITO NENHUM
- ☐ UM POUCO
- ☐ BASTANTE

Escreva o nome de uma pessoa que considera forte, seja da família ou do seu círculo de amigos.

....

Essa pessoa também tem coração? (Não precisa responder.)

O QUE DÁ FORÇA ÀS GAROTAS?

Para começar, a maioria das garotas é forte! Quando pequeninas, respeitamos seus desejos e vontades – de explorar, receber atenção, brincar... É sua força vital em ação, que diz: "Saia do caminho! Preciso aprender!" A pequena máquina aprendiz vai com tudo.

Claro que devemos impedi-las de jogar o gatinho no vaso sanitário ou de correr com a tesoura nas mãos. Ninguém vai deixar uma criança pequena fazer tudo que quiser nem ceder a suas cenas. Se ela insistir em fazer alguma coisa perigosa, não permita. Ela vai superar bem uma ou outra contrariedade.

> Há muito tempo, em meu primeiro ano de trabalho como psicólogo, atuei em escolas. Certa vez, a mãe de um garotinho com problemas de aprendizagem se recusou a comparecer à escola, então me pediram que a visitasse. Pouco à vontade, ela me recebeu, e tomamos uma xícara de chá. Uma garotinha bem pequenina se sentava no chão da cozinha, mas não havia brinquedos à vista. Nada para brincar ou fazer. De vez em quando, a criança tentava mexer no armário de panelas. A mãe ia até lá, fechava bruscamente a porta do móvel, puxava a menina de volta e continuava a conversa.

Não se grita e repreende uma criança quando ela quer apenas satisfazer sua necessidade natural de aprender. É preciso ser amigável, mesmo para afastá-la do perigo. Não vamos desencorajá-la. (Desencorajar é uma palavra interessante, não? Significa tirar a coragem.)

Se for preciso contrariar, uma explicação sempre ajuda. Não há necessidade de entrar em detalhes, e não espere um resultado imediato. Quando uma criança com menos de 6 anos quer alguma coisa, quer mesmo. Não é maldade negar, desde que com respeito.

FAÇA, APESAR DO MEDO

No que se refere a ser forte, boa parte reside em dominar as próprias emoções, o que compreende duas partes. A primeira é reconhecer essas emoções, o que chamam de *mindfulness*. O indivíduo forte tem sentimentos e extrai pontos positivos da raiva, da tristeza ou do medo, mas sabe quando essas emoções atrapalham. Presta atenção aos sentimentos, mas não se deixa dominar por eles; apesar de sentir raiva, medo, tristeza, cansaço, tédio faz o que acha certo.

Com meninas mais velhas, podemos explicar como administramos questões difíceis, mostrando que sentimentos ruins não ajudam. Mais uma vez, seja gentil. Não se diz: "Perdeu, criança, o mundo é assim. Vá se acostumando." Essa abordagem magoa ou desperta rebeldia. (A rebeldia é um tipo de força, mas muito limitadora.) As coisas melhoram rapidamente quando você não reclama nem se lamenta, ainda que só para si.

Isso vale até para situações realmente difíceis, como traumas ou tragédias. O ser humano consegue adiar sentimentos, faz parte da produção de adrenalina. Tomamos providências para um acidente na estrada, corremos com a criança ao hospital, enfrentamos uma discussão desagradável com alguém, mas somente mais tarde vamos tremer, chorar, liberar os sentimentos. É assim que preservamos a saúde mental.

Explique à sua filha, por exemplo: "Detesto limpar a casa depois de uma festa. Que bagunça! Mas a festa foi boa. Não adianta reclamar. Vamos arregaçar as mangas, e mãos à obra!"

Ao combinar conversas internas com a postura física e emocional que decide adotar, você ensina a ela a ter ATITUDE. A força é uma atitude. A sua filha precisa entender e ver em ação essa força.

> Certa vez, dividi uma casa de fazenda com uma amiga. Uma cabra de estimação escapou e ficou presa em uma amoreira muito compacta. Ouvimos seus balidos aflitos. Estava muito escuro, ventava forte e caía uma chuva pesada. Peguei uma tocha para iluminar e abri passagem entre os galhos, enquanto ela pacientemente desembaraçava os pelos do animal. A minha amiga não reclamou da cabra nem da árvore. Porque não adiantaria.

É interessante como consideramos "força" em termos de gênero. A palavra "guerreira", por exemplo, é quase sempre aplicada a mulheres e meninas. Como se atitudes desafiadoras e força de caráter fossem exceções no gênero feminino, e precisassem de um nome especial.

Em *The continuum concept* (O conceito do continuum), a autora norte-americana Jean Liedloff descreve uma situação de força e atitude a que assistiu na Floresta Amazônica. Três homens carregavam pesadas canoas até o alto de uma corredeira. Depois de horas de esforço, um deles escorregou, deixando a canoa bater nas outras duas, fazendo todas caírem lá embaixo. Os homens, sem exceção, acharam muito engraçado. Sentaram-se, comeram um pouco, implicaram com o colega que havia causado o acidente e reclamaram das pernas arranhadas. Então, voltaram ao ponto de partida e recomeçaram.

POR QUE OS EXEMPLOS SÃO IMPORTANTES

Nada é mais importante do que a sua filha assistir às suas atitudes corajosas (bem como de outras mulheres e homens). A neurociência diz que o cérebro pode não perceber, mas usa neurônios espelho para assimilar os gestos dos outros – como projetam o queixo, posicionam as pernas, modulam a voz ou lançam olhares fulminantes ao perceberem, por exemplo, tratamentos injustos ou um indivíduo em atitude suspeita em um trem lotado.

O que a menina vê torna-se quase uma segunda natureza. Quando ela for um pouco mais velha, será bom sugerir alguém do círculo familiar ou de amigos, que seja forte e sensato, a quem ela possa recorrer em caso de necessidade.

O objetivo é criar uma garota que não seja arrogante, egoísta nem tenha uma natureza violenta, propensa a provocar respostas agressivas; que tenha personalidade forte e use a razão para descobrir o que é melhor.

POR QUE AS MENINAS PRECISAM DA RAIVA

Existe uma história que une garotas e força. A emoção que mais nos ajuda, quando precisamos nos defender, ou para defender o que consideramos justo e correto, é com certeza a raiva. No passado, as garotas costumavam ser ensinadas a engolir a raiva. O homem se zangava, a mulher resmungava e reclamava, mas eram as emoções masculinas que governavam a casa. (Claro que nem sempre; às vezes acontecia exatamente o contrário.)

É importante reconhecer, porém, que não se pode sempre ser forte e gentil; pelo menos não é fácil conseguir isso. Pesquisas sobre violência indicam que assaltantes e criminosos tendem a escolher para vítimas pessoas que parecem tímidas. No entanto, há situações – um conserto desonestamente malfeito em casa, uma pessoa importuna ou rude, por exemplo – nas quais é importante ter à mão um pouco de raiva. E, se necessário, mostrar.

Se a sua filha não sabe fazer isso, pratique com ela. Fique a alguns metros de distância, respire fundo e comece a falar suavemente. Então, vá elevando a voz. Escolha alguma frase para ela gritar. "NÃO VOU!" é uma boa ideia. Para dar um pouco de calor ao exercício, grite "VAI, SIM!" Experimentem gritar as falas ao mesmo tempo. Relaxe a garganta, respire fundo e volte ao tom anterior.

É possível que você tenha crescido em uma família onde a raiva era considerada perigosa. Assim, talvez ache os gritos assustadores. Ria um pouco e dê um abraço nela. Depois, pratique mais.

A SUA FIRMEZA DEIXA OS FILHOS MAIS FORTES

Parte da coragem dos filhos vem da coragem que demonstramos.

Os limites de comportamento, em especial quando explicados de maneira clara e razoável, realmente ajudam nossas filhas a pisar no freio, tanto para elas quanto para os outros, se necessário. Trata-se de um recurso muito útil.

Cuidado para não pressionar a tecla da rebeldia. No momento em que você usar linguagem acusatória, raivosa ou lançar um "Eu avisei", a sua menina vai imediatamente pensar (ou dizer): "Não enche!" Quando estabelecer limites, pedir ajuda nas tarefas de casa ou oferecer orientação, fale com delicadeza e dê as explicações necessárias, como se estivesse diante de um adulto sensato. Mas mantenha a firmeza.

Não há problema algum, na verdade é essencial, ficar de olho na sua filha (ou filho) na adolescência. Lembre que o cérebro dos jovens, mesmo aos 16 ou 17 anos, ainda não se formou completamente, e, se você não estiver lá com segurança, responsabilidade e limite, eles podem fazer escolhas erradas. Às vezes, uma escolha errada ensina, mas às vezes destrói a vida.

FORÇA INTERIOR

O que significa "ficar de olho"?

> Eu acabava de sair da adolescência, e já ajudava a administrar um clube para adolescentes no centro comunitário local. Quando o clube fechava à noite, alguns corriam para casa, outros eram apanhados pelos pais, e outros ainda ficavam ali por perto até mais tarde. Ao passar para ir embora, perguntei a uma garota de uns 14 anos, com um jeito meio desleixado, que fumava ainda sentada nos degraus:
> – A sua família não fica preocupada?
> – Eles não se importam – ela respondeu.

Ficar de olho é cuidar. No livro *Parenting plugged-in teens* (A educação de adolescentes conectados) Elizabeth Clark recomenda quatro perguntas sempre que o seu filho (ou filha) quiser ir a algum lugar ou fazer alguma coisa. A sucessão de perguntas "O quê, quando, onde e com quem?" deve virar rotina, para que eles já tragam a resposta quando vierem pedir, dos 8 aos 18!

Mas não é só isso. Todo adolescente típico um dia vai tentar ludibriar os pais: não estar onde ou com quem disse que estaria. Cabe a você impedir isso. Segundo Elizabeth, um ou dois impedimentos são suficientes para uma boa adolescência. Essa é a média, porém alguns adolescentes não precisam de nenhum, e outros precisam de mais. Uma intuição sua ou alguma promessa improvável feita por eles deve acender o sinal de alerta, e um simples telefonema pode revelar a mentira. Leve o(a) jovem de volta para casa e faça com que se sente, enquanto você fala de pé. Diga que a mentira é terrível e vergonhosa, e que você não mentiria. Vai levar um tempo até que se restabeleça a confiança.

Elizabeth usa uma abordagem leve, embora séria. De vez em quando é bom lembrar à criança que ela é criança, e você, uma pessoa adulta. Como sempre, mantenha a calma. Fale claramente e demonstre certa frieza, mas só por um ou dois dias. A longo prazo, trata-se de uma relação de cuidado, e o(a) jovem precisa saber que você se preocupa com segurança e felicidade – ou segurança e infelicidade. Eventos ruins acontecem todo dia a adolescentes, e a maior parte não chega aos jornais, o que torna a situação ainda mais assustadora e perigosa. É por isso que você age.

COMPARTILHAMENTO DE TAREFAS – TREINAMENTO PARA A VIDA ADULTA

Aqui cabe um detalhe muito importante. Na história da humanidade, as crianças sempre trabalharam. Somos a primeira sociedade a servir às crianças, tratando-as como pequenos reis e rainhas. Isso cria dependência e fraqueza. É essencial que meninos e meninas, igualmente, compartilhem o serviço doméstico – limpeza, cozinha, arrumação e compras, a partir da idade em que possam executar tais tarefas com segurança. Infantilizamos nossas crianças (em especial os adolescentes) quando vivemos em volta delas. E quem assume as tarefas é frequentemente a mãe, o que também transmite uma mensagem negativa.

A participação na rotina familiar é o melhor exercício para desenvolver traços positivos do caráter, como persistência, bom humor e cooperação. Ainda que a criança tenha tarefas escolares, ela pode ajudar, tornando o trabalho mais sociável.

PAIS CRÍTICOS – COMO OS PAIS CRÍTICOS DEMAIS PODEM MINAR A CONFIANÇA DA MENINA

Uma situação terrível que às vezes acontece nas famílias – na verdade em qualquer relacionamento humano – produz crianças retraídas, casamentos desfeitos e conflitos de todo tipo.

Quando as pessoas estão tensas ou ansiosas, aborrecidas ou desanimadas, frequentemente recorrem a críticas humilhantes, em busca de alívio temporário. Muitos adultos aprenderam a não agredir membros da família, como acontecia no passado, mas não abandonaram as agressões verbais. Quem sofreu isso pode repetir com os filhos o comportamento. Alguns papais são especialmente propensos a isso. É a herança familiar.

Se você humilha a sua menina, ela se convence de que não é boa. Perde a autoconfiança ou torna-se rebelde, a ponto de fazer bobagens, só para atingir você. E, pior ainda, passa a acreditar que o amor é assim; talvez se case com alguém que repita o comportamento. Se você é pai, não faça críticas humilhantes.

Por incrível que pareça, não é difícil mudar. Tudo começa com uma autoavaliação honesta.

Quando criança, você apanhava dos seus pais?

☐ FREQUENTEMENTE ☐ ÀS VEZES ☐ NUNCA

Quando os seus pais lhe faziam críticas, aos gritos, você se assustava?

☐ FREQUENTEMENTE ☐ ÀS VEZES ☐ NUNCA

Os seus pais agrediam você fisicamente com violência, a ponto de machucar?

☐ FREQUENTEMENTE ☐ ÀS VEZES ☐ NUNCA

Os seus pais agrediam você verbalmente com críticas humilhantes, ofensas, sarcasmo ou expressões pesadas, tais como "inútil", "lixo", "estorvo"?

☐ FREQUENTEMENTE ☐ ÀS VEZES ☐ NUNCA

Se você respondeu "frequentemente" a mais de uma das perguntas acima, a sua infância foi insegura. Os seus pais não lidavam bem com a situação, o que se torna muito estressante. Você vai ter de assumir o compromisso de não ser assim. Aceite o meu abraço, por ter sobrevivido a tempos tão terríveis e querer fazer um trabalho melhor. E por estar lendo este livro.

Veja que belo compromisso:

Eu me comprometo a não agredir ou ferir fisicamente a minha filha. A não assustá-la ou intimidá-la com gritos, a não ameaçar nem dar a impressão de estar prestes a bater nela. Eu me comprometo a evitar ao máximo críticas e humilhações, como meio de evitar conflitos.

Pense bem no assunto. Caso sinta-se em condições de assumir o compromisso, faça um círculo em volta do parágrafo.

COMO AGIR, ENTÃO?

O maior avanço no campo das relações humanas foi "inventado" pelo dr. Thomas Gordon na década de 1960, embora muita gente boa já usasse a tática instintivamente. Tom Gordon foi o responsável por deixar as coisas mais claras e mais fáceis, além de dar um nome: mensagem que começa por "eu".

Quando os pais se zangam com os filhos, a resposta mais comum é começar frases por "você": "Você é inútil, idiota! Venha cá! Escute o que vou dizer!"

Nesses casos, costuma haver um dedo apontado, sinal certo de agressividade. Ninguém reage bem a isso. Uma criança pode ser obrigada a obedecer, durante anos e anos, mas provavelmente vai desenvolver antipatia pela pessoa e demonstrar isso de duas maneiras:

1. Fazer exatamente o contrário do que a outra pessoa quer.
2. Um dia atacar de volta. (Essa reação é mais comum em meninos.)

> O pai de uma das minhas amigas mais próximas agredia e humilhava as cinco filhas. Com dificuldade em controlar cinco meninas, a mãe frequentemente recorria ao marido na hora de discipliná-las. Era o único recurso que conhecia. Aos 5 anos, minha amiga queria morrer. No entanto, decidiu viver, com um único objetivo: crescer suficientemente forte para, um dia, matar o pai. Essa ideia a manteve viva. Lá pelo fim da adolescência, ela havia chegado à conclusão de que se tornar assassina não era boa ideia; seria uma situação da qual apenas ela sairia perdendo. Assim, quando teve força e meios suficientes para matar o pai, ela não o matou. Mas tinha vontade.

> Impor humilhações aos filhos é um meio de fazer com que eles odeiem você.
>
> Então, o que é uma mensagem começada por "eu"?
>
> É assim: em vez de dizer "você", diga "eu".
>
> **Eu me sinto** .... **quando você** ....
>
> .... **porque** ....
>
> **e gostaria que você mudasse.**

"Não seria uma demonstração de fraqueza?" Não. É preciso ser forte para agir com honestidade e clareza, sem recorrer à força física ou aos gritos. Essas são ferramentas dos fracos. Fraqueza não, receptividade sim.

A receptividade é o mais novo ingrediente de uma vida livre e feliz. Abra o seu coração, e as coisas melhoram. Veja estes exemplos de atitudes fortes:

> Quando você chegou em casa mais tarde do que havia prometido, tive medo de ter acontecido alguma coisa. Gostaria de conversar sobre isso e ver como manter a palavra. Para deixar você sair à noite, preciso confiar.
>
> Mamãe

> Fiquei triste ao ver que você não havia cumprido a sua tarefa de arrumar a casa. Quando chegamos, tivemos um trabalhão para limpar tudo. Eu esperava que você fizesse a sua parte. Tive a impressão de que você não liga para nós.
>
> Papai

Força interior

Em poucas palavras

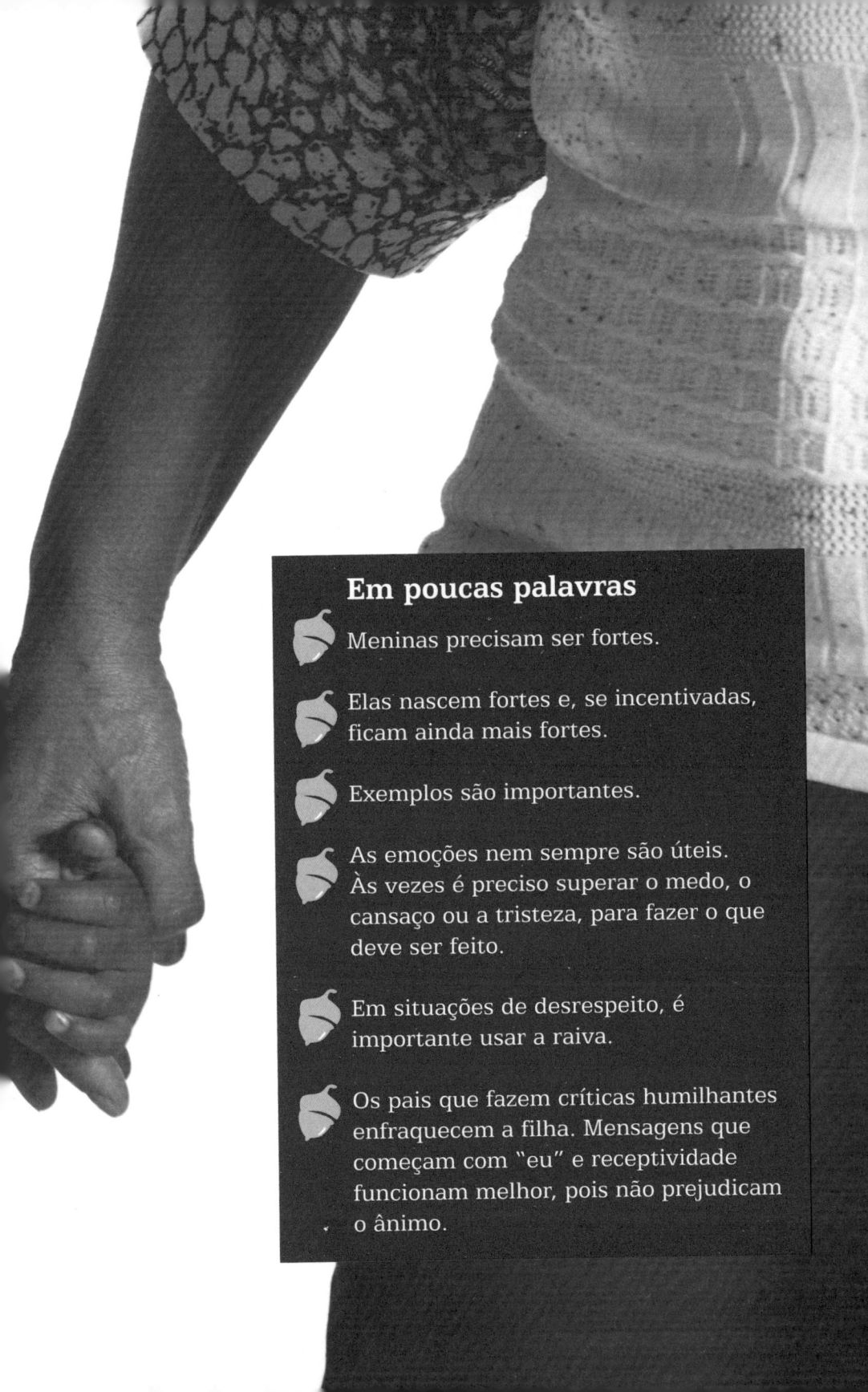

- Meninas precisam ser fortes.

- Elas nascem fortes e, se incentivadas, ficam ainda mais fortes.

- Exemplos são importantes.

- As emoções nem sempre são úteis. Às vezes é preciso superar o medo, o cansaço ou a tristeza, para fazer o que deve ser feito.

- Em situações de desrespeito, é importante usar a raiva.

- Os pais que fazem críticas humilhantes enfraquecem a filha. Mensagens que começam com "eu" e receptividade funcionam melhor, pois não prejudicam o ânimo.

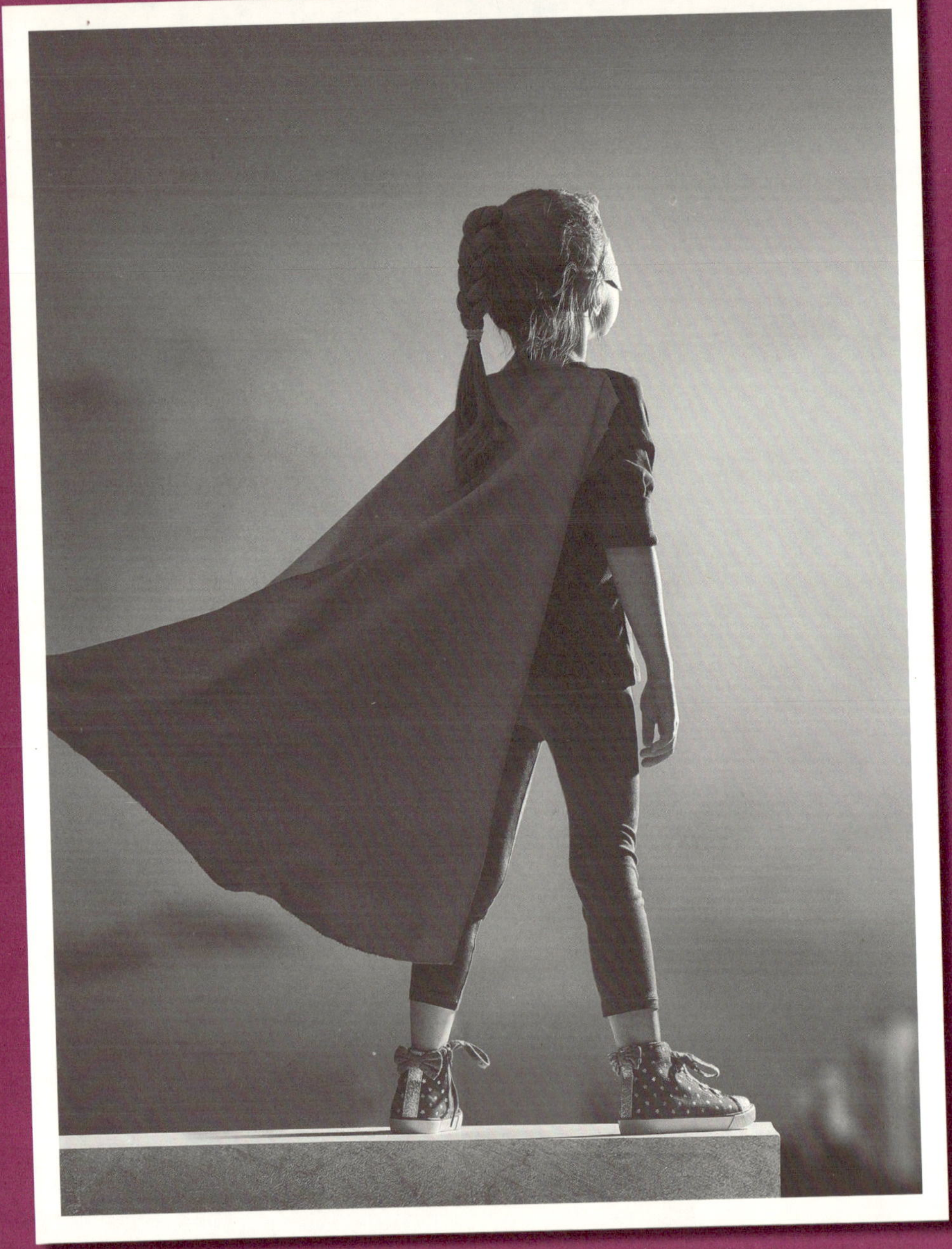

Capítulo Nove

Feminismo

> Às vezes sinto pena de mim, e um vento forte me arrasta para o céu.

No fim da tarde, a biblioteca escolar estava quase vazia; a maioria dos alunos já tinha ido embora. Pela janela, Donna viu apenas uma menina de uns 13 anos sentada a uma das mesas e, um pouco atrás dela, dois garotos mais velhos. Ela conhecia a garota de vista sabia que ela era tímida, estudiosa, sempre com um sorriso simpático, mas meio nervoso. Como fazia frio e ainda tinha um tempo antes que a pessoa para quem ia dar uma carona chegasse, Donna resolveu entrar.

Ao chegar à porta da biblioteca, Donna se deparou com uma cena diferente. Um dos garotos estava atrás da cadeira de Eloise – ela lembrou o nome da menina – e, com os braços em volta dela, segurou seus seios. Pálida, a garota parecia apavorada. Não conseguia se mexer nem empurrar o garoto. Com voz melosa, ele perguntou:

– Não tem peitinhos ainda?

Em seguida, escorregou a mão pela saia da menina e passou por Donna, sorrindo para o colega. Os dois saíram.

Donna parecia pregada ao chão. Conhecia os garotos e não gostava deles. Eram chefes de disciplina, e seus sobrenomes faziam parte da história do colégio. Ninguém ousaria atacar nenhum dos dois. Ela se abaixou, disse algumas palavras tranquilizadoras à menina e saiu. Os garotos estavam no portão, à espera de alguém

FEMINISMO

> que iria buscá-los. Ela se forçou a andar em passos lentos na direção deles, como se nada tivesse acontecido. O mais alto se voltou. Tinha a mesma altura de Donna, e seus olhares se encontraram. Ela fechou o punho e aplicou-lhe um soco no estômago, que o fez dobrar o corpo. Nada disso; apenas imaginou a cena. Mas a ideia foi boa. Na verdade, ela olhou fixamente nos olhos dele e disse:
>
> – Acho bom você contar aos seus pais o que fez. Hoje à noite eles vão receber um telefonema do colégio.
>
> Donna então voltou e procurou a professora em quem mais confiava.

Este é um capítulo curto, com um único e poderoso assunto. Mas que vai fazer toda a diferença. Vamos a uma autoavaliação.

Quando ouve a palavra feminismo, o que sente?

☐ **1.** Animação e otimismo.

☐ **2.** Sentimentos complicados.

☐ **3.** Negatividade.

O objetivo deste capítulo é fazer com que você, e depois a sua filha, deem a resposta número 1. Um por todos e todos por um, em busca de um mundo mais igual.

Primeiro, a definição. Não importa o que você tenha lido, ouvido ou pensado; feminismo é coisa simples. Trata-se de um movimento cuja intenção é proporcionar a meninas e mulheres as mesmas oportunidades disponíveis para meninos e homens. Se você acredita que a sua filha deve ter na vida os mesmos direitos, garantias e oportunidades do seu filho e dos filhos de quem quer que seja, você é feminista.

Muita bagagem se acumulou. Tal como qualquer movimento humano, o feminismo foi usurpado, adulterado, deturpado, prejudicado e maltratado, mas essas são apenas agitações periféricas em um caudaloso rio de mudanças.

Quando o professor de matemática diz à menina: "Você é boa nisso, pode ser engenheira", é feminista. Quando um grupo de mulheres se organiza nas redes sociais em campanha para fechar uma revista (como ocorreu em 2015 com a revista masculina *Zoo Weekly*, do Bauer Group) ou revela o nome de um político ou astro do esporte que desrespeita uma mulher, o que acontece com certa frequência, isso é feminismo. Quando a sua filha tem a chance de estudar medicina, e o seu filho pode estudar enfermagem, isso é feminismo. Quando é fácil para ela aprender mecânica ou jardinagem, consertar tubulações ou participar de corridas de cavalos, sem ouvir comentários irônicos, isso é feminismo. Se um dia não houver mais estupros, violência doméstica ou tráfico de mulheres em lugar nenhum do mundo, isso é feminismo.

ELA É PARTE DE ALGO MUITO MAIOR

É tendência do ser humano concentrar-se no dia a dia e esquecer o que realmente acontece. Isso se aplica em especial aos adolescentes, para quem uma espinha é um desastre. Vamos erguer a cabeça e olhar o céu, para ver em que consiste a nossa vida.

Para uma garota, isso é especialmente verdadeiro, porque a história da vida delas é impressionante. Se a sua filha tivesse nascido há 100 anos, sua vida seria, aos nossos olhos, terrível. Ela só teria duas opções: trabalhar como serviçal na casa de uma pessoa mais rica ou casar-se. Eram as únicas maneiras de garantir um teto. Casada, ela não poderia ser proprietária, e era mais prudente escolher um homem de boa índole, pois ele tinha a permissão para bater nela, obrigá-la a relações sexuais e mantê-la em prisão domiciliar. Caso abandonasse o marido, a mulher ficaria sem casa e sem bens, e provavelmente não mais veria os filhos. Sem aparelhos para facilitar o serviço doméstico, como máquina de lavar e aspirador de pó, por exemplo, ela não teria um minuto de descanso. Ainda que possuísse inteligência suficiente para ser cirurgiã ou cientista, suas tarefas seriam apenas domésticas, tais como lavar pratos e esfregar o chão.

Mulheres não tinham permissão de votar, e, quando trabalhavam, recebiam a metade do pagamento feito aos homens, o que nunca era suficiente para seu sustento. Como método para controle de natalidade, havia apenas a abstinência sexual. O parto era arriscado. Jovens grávidas recorriam a terríveis e perigosas clínicas de aborto de fundo de quintal ou iam viver em algum abrigo até nascer a criança, que eram obrigadas a entregar à adoção. Estava traçado seu destino de mulher rejeitada.

Quando as fábricas as contratavam como operárias, as mulheres frequentemente ficavam à mercê de chefes abusadores, que puniam com a demissão as respostas negativas.

E começou a movimentação. O século 20 foi a era dos movimentos – ambiental, trabalhista, pelos direitos civis, pela paz, todos explosões de senso comum. Tais movimentos foram possíveis por causa dos recursos modernos de comunicação, como jornais impressos e cinematográficos, filmes, rádio, televisão e internet. As pessoas se comunicaram e se uniram na luta por mudanças. Mesmo em comparação com as grandes guerras e os avanços científicos, o movimento feminista foi o evento mais significativo do século 20, em termos de impacto sobre a vida das pessoas. E neste século 21 ainda está longe do fim.

Assista ao filme *Suffragette*, exibido no Brasil sob o título *As Sufragistas*. Na minha opinião, trata-se de um filme violento e perturbador demais para ser assistido por meninas abaixo de 14 anos, sobretudo porque tudo aconteceu realmente em lares e ruas de Londres. Os poderosos não desistem facilmente. Mulheres que reivindicavam o direito de votar eram perseguidas pela polícia montada e golpeadas com bastões de pontas de aço. Presas, fizeram greve de fome. As autoridades impuseram alimentação por meio de tubos de borracha, um procedimento perigoso e assustador, que lembra técnicas de tortura. O horror da equipe médica, ao fazer isso, conquistou a simpatia da opinião pública e contribuiu para a vitória final. Nós e nossas filhas precisamos saber que essa é uma história muito recente.

Outro filme a ser assistido pelas garotas é *Made in Dagenham*, exibido no Brasil sob o título *Revolução em Dagenham*, ambientado na década de 1960. Trata-se de um relato detalhado e tocante de como as operárias de uma fábrica de carros na Grã-Bretanha iniciaram um movimento mundial por salários iguais. Você e a sua filha devem a elas um agradecimento. Acho que esse filme só deve ser assistido por meninas acima de 12 anos.

A sua filha precisa saber que hoje pode viver, trabalhar, estudar, seguir uma carreira, estar em casa sem sustos, pedir empréstimos, viajar pelo mundo, decidir se vai ou não ter filhos e dar à luz em segurança porque milhões de mulheres lutaram por isso em nome dela.

A epidemia de problemas de saúde mental que atinge as meninas seria bastante reduzida se todas entendessem que o problema não está nelas, mas no mundo que as rodeia. E, em vez de ficarem ansiosas e deprimidas, sentissem raiva. É importante a sua filha saber que não está sozinha. "Quando um menino maltrata você ou lança olhares maliciosos; quando se sente excluída de determinadas carreiras ou assustada na multidão; quando é pressionada a ser bonita, dócil e magra, esses são problemas de todas as mulheres. E você deve entrar na luta."

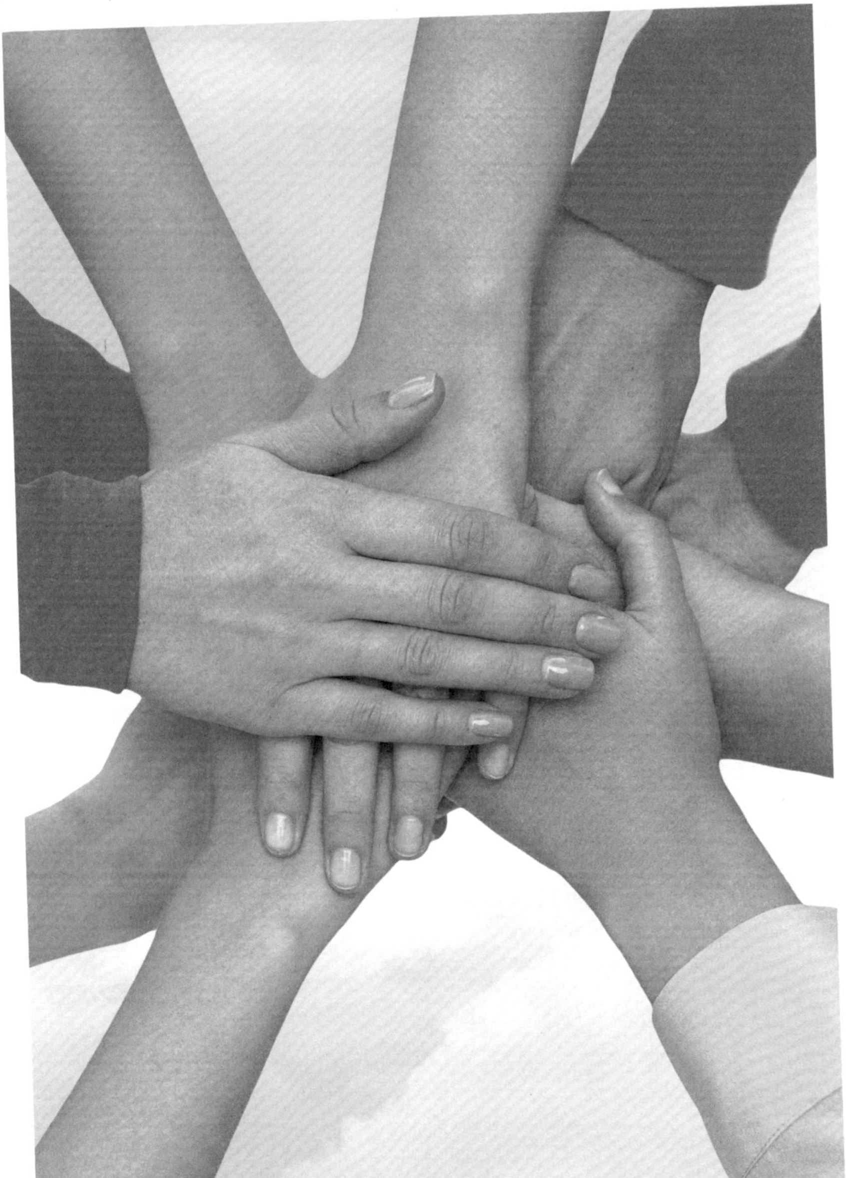

Feminismo

Em poucas palavras

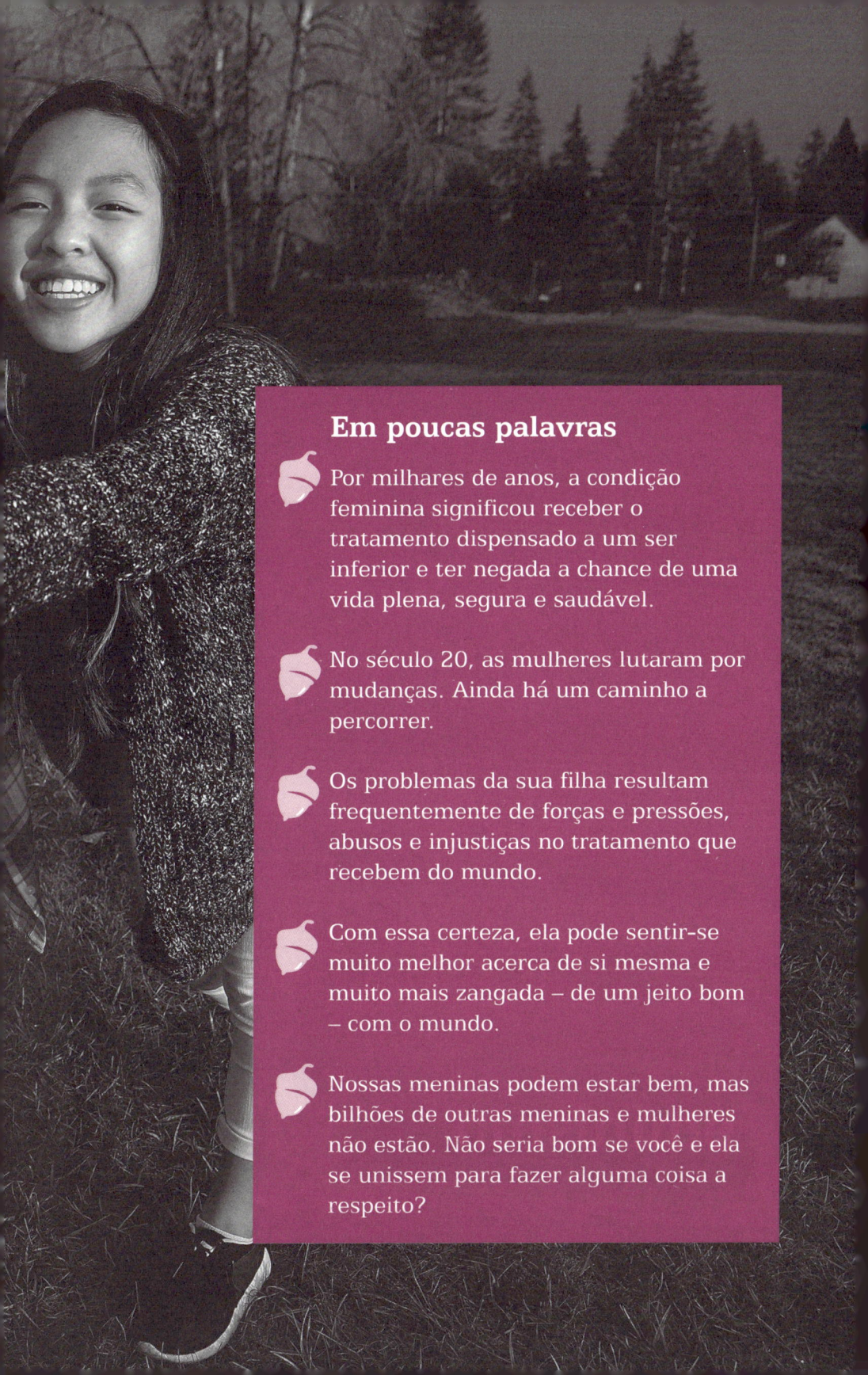

🌰 Por milhares de anos, a condição feminina significou receber o tratamento dispensado a um ser inferior e ter negada a chance de uma vida plena, segura e saudável.

🌰 No século 20, as mulheres lutaram por mudanças. Ainda há um caminho a percorrer.

🌰 Os problemas da sua filha resultam frequentemente de forças e pressões, abusos e injustiças no tratamento que recebem do mundo.

🌰 Com essa certeza, ela pode sentir-se muito melhor acerca de si mesma e muito mais zangada – de um jeito bom – com o mundo.

🌰 Nossas meninas podem estar bem, mas bilhões de outras meninas e mulheres não estão. Não seria bom se você e ela se unissem para fazer alguma coisa a respeito?

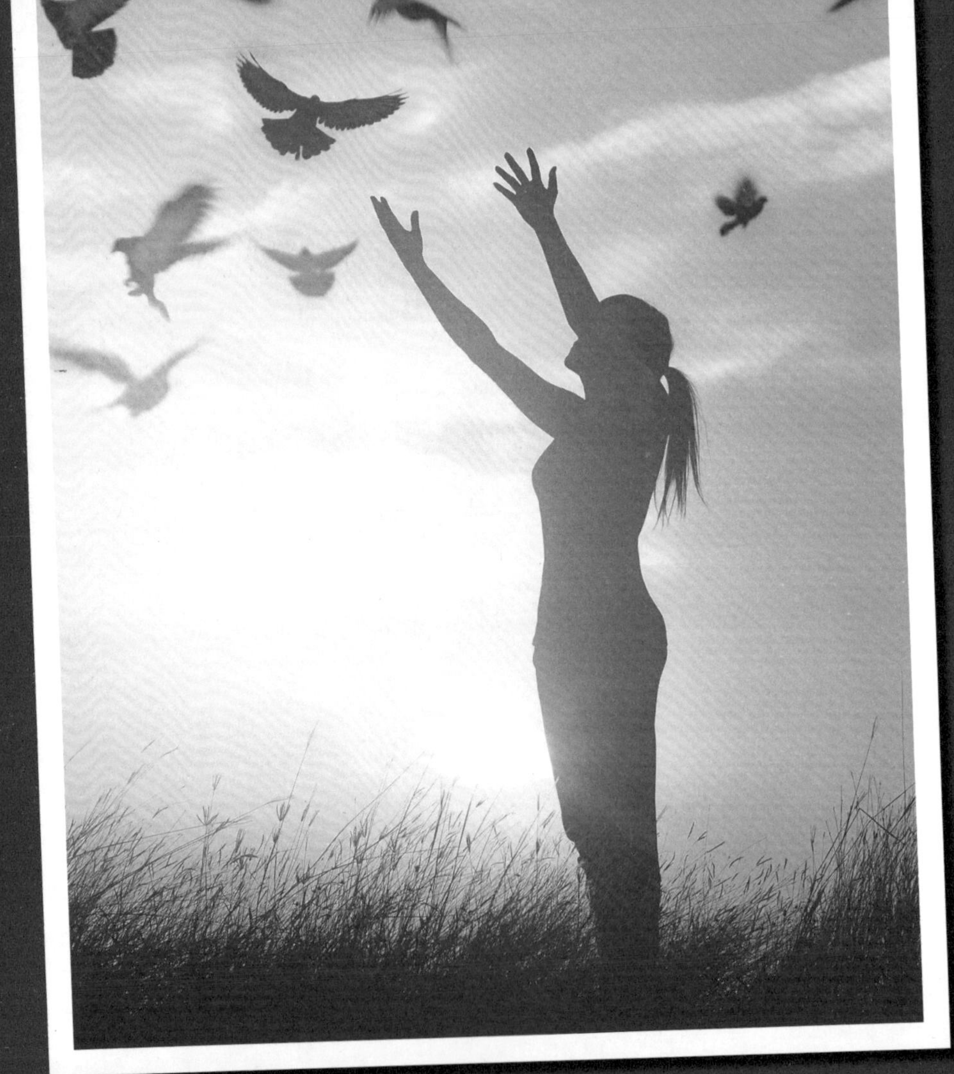

Capítulo Dez

Espírito

"Por que estamos aqui? Qual é o propósito da minha vida? Talvez tenhamos esquecido essas perguntas, mas os adolescentes não esqueceram. Eles querem saber o significado de tudo, e precisam de respostas tão amplas quanto o céu."

> Ainda bem pequenina, a professora Aileen Moreton-Robinson aprendeu com o avô a seguir trilhas na mata. Para uma nativa australiana da ilha de Stradbroke, tratava-se de uma prática pouco usual, uma vez que aquela habilidade só era ensinada a meninos. Talvez o avô tenha visto na neta algo de especial. E ele e estava certo, pois hoje Aileen exerce posição de liderança no ambiente acadêmico australiano. Será possível que os pacientes ensinamentos do vovô tenham representado para ela a chave do sucesso? Quando Aileen tinha apenas 3 anos, foi repreendida pelo avô por pisar inadvertidamente em um formigueiro. Com delicadeza, ele disse: "Você não tem mais valor do que qualquer outro ser vivo; nem vale menos do que qualquer outro ser vivo." Foi então que a educação de Aileen começou.

Você ou eu poderíamos ter dito à garotinha: "Não pise nas formigas! Que mal elas fizeram a você?" Ou, pior, poderíamos ter ignorado. Afinal, a sociedade frequentemente parece crescer sobre a destruição da natureza. O que são algumas formiguinhas aqui ou ali? A sutil diferença para a abordagem de um velho aborígine à educação de uma menina foi que ele literalmente a "colocou em seu lugar". E, para o povo aborígine, o lugar de cada um é muito importante, seja na paisagem, no cosmos ou na tribo. Nessa cultura, que existe há centenas de milhares de anos, as pessoas são profundamente felizes e ativas. Essa surpreendente resistência se baseia na maravilhosa educação proporcionada às crianças. "Você é importante. (Se não, por que eu dedicaria meu tempo a você?) Muito importante. Mas não mais que aquelas formigas." Que ideia transformadora! Quando Mary Robinson, uma das mulheres mais influentes do mundo, presidente da Irlanda e, mais tarde, Alta Comissária das Nações Unidas para os Direitos Humanos, escreveu sua biografia, escolheu o título *Everybody matters* (Todo mundo é importante). O conceito – todos os seres vivos estão conectados – é o centro da espiritualidade, como veremos. Assim você vai poder ajudar a sua filha a entender.

A espiritualidade não é um hobby nem um interesse a ser acrescentado à nossa vida – idas à igreja aos domingos ou um Buda no jardim, para dar um toque balinês (embora em Bali exista a religião hinduísta). A espiritualidade representa uma mudança fundamental rumo a outro nível de vida, que os jovens adotam ou não. Trata-se de um passo essencial à própria vida. É básico. A sua filha precisa saber disso e, em especial, viver isso. Espiritualidade é a última e mais importante das dez necessidades das garotas.

A SUA MENINA É UM SER ESPIRITUAL

Não por acaso as mulheres costumam ser mais espiritualizadas que os homens. A espiritualidade está ligada à liberação, a livrar-se de tudo que entristece ou assusta. É o componente definitivo para que a sua filha realize todo o seu potencial. Se você enxergar, reconhecer e alimentar a espiritualidade da sua menina (sim, ela está lá!), vai transformar a vida dela.

Às vezes nem sabemos, mas a espiritualidade influencia nossa vida. Se a sua filha estivesse prestes a cair no trilho do trem, você saltaria para salvá-la, ainda que com risco de perder a própria vida. O que isso significa? Que ela é mais importante do que você. Há quem seja capaz de fazer isso pelos filhos dos outros. Há quem passe a vida cuidando de crianças à beira da morte, em lugares distantes. O amor se espalha em círculos concêntricos. Em algum nível, esse tipo de sacrifício não faz sentido, e certamente não cabe na sociedade do "eu primeiro". Espiritualidade significa marchar em um ritmo diferente, é contracultural, necessária aos nossos jovens. Observe como as meninas às vezes sofrem por excesso de individualismo: "Uma espinha! Aaargh!"; "Ele não respondeu à minha mensagem!"; "Detesto a minha barriga!" Espiritualidade é o senso definitivo de proporção. Você é muito importante. Mas viva!

Isso talvez assuste você, pois nós, adultos, frequentemente lidamos mal com essa área. Por ser espiritualmente pobre, nossa cultura oferece pouco suporte a quem quer saber do panorama geral. Precisamos ser espertos e equilibrados para nossas crianças, mas frequentemente nos perdemos. Estabelecemos pequenas metas na vida: fugir de encrencas, ter uma bela casa, reformar o banheiro... E, quando as crianças nos procuram com fome interior, não conseguimos responder à altura.

Mas ainda há esperança. O que está adormecido nos nossos jovens também dorme em nós.

ESPÍRITO

Você se considera uma pessoa espiritualizada? (Faça um círculo em volta da resposta mais adequada.)

☐ SIM   ☐ UM POUCO   ☐ NÃO   ☐ NÃO SEI O QUE ISSO SIGNIFICA

Em que fase da sua vida você se sentiu uma pessoa mais viva?

0 – 5   5 – 10   10 – 14   18 – 25   25 – 30   30 – 40   AGORA

Em que lugar do mundo você se sente mais em paz?
....

Quem é a pessoa que mais admira na vida?
....

Em uma palavra, o que admira nessa pessoa?
....

Na sua vida, existe alguma prática que se possa chamar de espiritual?
....

O que considera sagrado?
....

A que se manteria fiel, sem nunca desistir?
....

A simples ideia de conversar sobre o sagrado assusta muita gente. A religião, a expressão regular cultural da espiritualidade, carrega uma bagagem terrível. Embora favoreça imensamente a ética, a justiça e a coesão da sociedade, a religião organizada tem sido causa de perseguições, indescritíveis atos de violência e até genocídio. Claro que os seres humanos também praticam tais atos sem motivos religiosos, mas muita gente desconfia de qualquer abordagem espiritual. Por outro lado, para quem se identifica com tradições de fé, existem ferramentas, apoio social, linguagem e práticas para ajudar os jovens, embora adolescentes, em geral, não aceitem de pronto a religião dos pais. Primeiro analisam e, por algum tempo, rejeitam. Esse processo é parte indispensável da jornada espiritual. Na verdade, trata-se de um pré-requisito. A religiosidade tem de ser real, e não imposta. Espiritualidade não é destino; é um meio de abrir-se a uma aprendizagem mais abrangente. E as respostas não são fáceis nem vêm prontas.

PARTE DO TODO

Então, como ajudar nossas garotas a entenderem que são parte do todo? Que seu valor e importância vão além da aparência, do gênero, do desempenho escolar ou das façanhas esportivas? Como desvincular as garotas do que é externo? Quando a sua filha perguntar, você pode mostrar e esclarecer algumas coisas. Primeiro, uma definição: tudo é espiritualidade. É o todo. É indefinível porque as palavras descrevem coisas separadas. Assim, precisamos descobrir outros meios de ajudar nossas crianças a entenderem e viverem isso.

Sam Miles, a jovem editora de muitos dos meus livros, é uma pessoa especial. Ainda na adolescência, ela teve câncer. Ninguém esperava que sobrevivesse aos vários tratamentos e cirurgias, mas Sam conseguiu. É bem possível que o sofrimento lhe tenha ensinado algumas lições que ela só aprenderia muito mais tarde. Eis seu depoimento:

> "Muitas coisas que as pessoas fazem espontaneamente, por prazer, expressam sua espiritualidade. A prática do surfe representa um bom exemplo. Trata-se de uma atividade física (envolve o corpo) que pode ser social (surfar em grupo). Além disso, inclui a alegria de sentir o corpo em contato com a natureza, de tomar consciência das ondas e correntes, dos animais marinhos e das condições do tempo. Em termos de vida, encontram-se aí dois significados: além da atividade em si, é um meio de renovar a alma e liberar o espírito. Uma atividade que renova a alma pode ser chamada de espiritual. Alguns encontram isso na dança, outros na torcida pelo clube do coração, outros nas caminhadas ou corridas na natureza, no canto em corais ou no atendimento voluntário aos mais velhos.
>
> *Sam*

Todo mundo encontra paz, liberdade e ânimo em algumas atividades. Isso se reflete na vida diária e melhora o desempenho. Uma vez que a espiritualidade está em toda parte, deve ser aplicada a tudo; não é para ficar restrita a um setor da vida. Levamos a espiritualidade para a cama, para os relacionamentos, para a escola, o trabalho, as amizades. Trata-se de um erro associar espiritualidade à igreja dominical, a um retiro de ioga em Bali ou a momentos diários de meditação. Todos esses são bons pontos de partida, mas a questão não se encerra aí. A real espiritualidade tem de estar em tudo que fazemos.

UMA BÚSSOLA PARA MOSTRAR O CAMINHO

Em segundo lugar, a espiritualidade é uma bússola. Consciente ou inconscientemente, todos temos uma posição acerca do motivo de estarmos neste mundo. Essa posição fica implícita na mensagem que você transmite às suas crianças. Por exemplo:

- Acredita que o mundo é uma competição ou uma colaboração?
- Acredita que cada um é um ou que todos somos um?
- Acredita que a natureza é um recurso a ser usado ou uma entidade viva a ser cuidada, uma vez que dependemos inteiramente dela?
- Acredita que a vida não possui significado ou que a vida é significado?
- Sente solidão e medo (por isso tenta parecer maior e mais importante) ou sente-se confortável com a pessoa que é, sem medo e à vontade no mundo?

Os valores da nossa sociedade são, em sua maioria, absolutamente antiespirituais. Individualismo, consumismo e sucesso alcançado por meio de fama e riqueza são os valores que minam a nossa economia, e o que os governantes presumem que sejam os desejos de todos nós. Mas essa corrida só pode ser vencida por poucos. Esse ponto de vista afeta diretamente a saúde mental das nossas crianças. Elas ficam apavoradas.

A alternativa é muito diferente: estamos neste mundo como parte de um todo maior; a vida é uma criação contínua, uma espécie de sinfonia; com esforço verdadeiro, chega-se à harmonia com outros seres vivos que nos rodeiam. Claro que há perdas, dores e morte, mas contra isso existem a cooperação, o amor e os oceanos, a terra, o céu – recompensas oferecidas pela natureza, que nos sustentam e das quais somos guardiões para que a vida continue.

A criação de uma filha ocupa o centro disso tudo. Há que cuidar dela e de seu futuro, mesmo depois que não estivermos mais aqui. Primeiro você cuida da sua menina, depois dos filhos dela e dos filhos dos filhos dela. E logo se vê cuidando dos amigos dela, dos pais dos amigos, da comunidade. E assim vai.

A garota observa a mãe, as tias, o pai, os amigos da mãe, os professores e conclui: tem ali uma boa pessoa. Está sempre calma... Parece tão livre para ser ela mesma... É cheia de vida e nada convencional. Ela sabe que gostaria de ser assim. A tarefa dos pais é mostrar a ela que pode.

A questão é ficar em alerta. Reparar nas mensagens que transmitimos, ao falar e agir.

O que ensinamos às nossas garotas

Leia os pares de sentenças e marque a que gostaria de transmitir à sua filha.

☐ Na vida, se eu não cuidar de mim, ninguém cuida.

OU

☐ As outras pessoas são importantes. Devemos cuidar delas também.

☐ Uma boa vida inclui confortos materiais, luxos e programas caros.

OU

☐ Uma boa vida é aquela de que se conhece o significado e o propósito para melhorar o mundo.

☐ Quando você morre, tudo se acaba, e todo mundo logo esquece.

OU

☐ Quando você morre, permanece na memória e no coração das outras pessoas.

☐ O mundo é para ser usado.

OU

☐ Somos parte de tudo. Estamos aqui para cuidar.

PROMOVER O DESPERTAR ESPIRITUAL DA SUA FILHA

Crianças pequenas são naturalmente espiritualizadas. Sentem-se parte do todo. Este senso de espiritualidade, porém, precisa de ajuda para se estabelecer, permanecendo pela vida inteira. Uma passagem afetuosa da infância à idade adulta, descrita no sexto capítulo, pode ser essencial para isso. Por um ponto de vista material, não religioso, o conceito de vida adulta remete a deixar a família, procurar emprego, pagar aluguel, constituir nova família, o que pode conferir ao amadurecimento uma noção negativa. A mensagem transmitida pode ser: "Agora é por sua conta, criança."

No entanto, não acontece assim quando a garota faz essa passagem na companhia de mulheres mais velhas e conhecidas, que dizem: "Isto é especial, você é especial." Não se trata de um empurrão, mas de boas-vindas a uma pequena tribo que sempre a defenderá. Primeiro, é preciso formar essa tribo.

Culturas indígenas não empurram as meninas para um mundo indiferente. Elas são recebidas na comunidade adulta por um grupo de verdadeiras mulheres que dizem: "Estamos incluindo você no nosso propósito de adultas. Esse propósito é nada menos que a preservação da vida. Todo tipo de vida. A comunidade humana, a comunidade animal, a comunidade vegetal, o cosmos. Temos um papel sagrado." A espiritualidade e o propósito de vida da sua filha podem ser despertados da mesma maneira.

Para os seres humanos, a condição de adulto requer um despertar. Os jovens sabem disso e procuram por isso. As viagens, o surfe, a música, o namoro, a bebida e a droga podem ser vistos como tentativas de descobrir o que intuitivamente sabem estar dentro e fora deles. Alguns conseguem. Outros não.

Ser um adulto harmonioso é uma realização. Significa ter recebido, decodificado ou deduzido uma mensagem ao mesmo tempo simples e difícil. Ninguém está sozinho no mundo. Abrace a vida, o amor, aproveite ao máximo. Mas lembre que estamos aqui uns pelos outros. Sem essa mensagem, corre-se o risco de viver uma vida superficial. De secar e morrer por dentro.

ASSIM, CHEGAMOS AO FIM

Minha mensagem final é: "Você pode." Deixe a sua filha livre para ser ela mesma, para dançar, fazer música ou arte. Para investigar como são por dentro as máquinas, as células ou as pessoas. Leve-a para ver as ondas ou para correr na praia. Um dia, ela pode estar sentada em uma pedra, pensando, à beira de um riacho ou no meio de uma conversa e, de repente, acontecer. A mais completa sensação de paz, de pertencimento. Ela estará à vontade no universo. E a sensação vai durar para sempre.

Neste livro tratamos dos dez ingredientes para que a menina viva feliz.

- Ser amada e cuidada.
- Receber incentivo para ser livre.
- Estar perto dos outros.
- Receber afeto do pai ou de uma figura paterna.
- Descobrir uma paixão ou um interesse especial.
- Contar com mulheres sensatas que a ajudem a tornar-se adulta.
- Desenvolver uma sexualidade bem constituída e feliz.
- Aprender a ser forte.
- Fazer parte do esforço coletivo para a liberação das mulheres.
- O décimo faz parte dos nove anteriores. Cada um nos remete ao coração da vida, na posição de seres humanos, como parte da comunidade de todos os seres, e nos faz entrar na dança.

A garota que recebe todas essas bênçãos vibra com uma sensação feliz de conexão. Ela não é pressionada pela própria consciência nem aprisionada pela vaidade. Fica concentrada em viver, em fazer a sua parte e celebrar o momento. Assim terá chegado a seu verdadeiro potencial.

Raramente é possível proporcionar esses dez componentes às nossas meninas. Não se culpe se a infância dela não for – e não será – perfeita. Cabe aí a palavra "graça", para descrever situações em que a vida se torna maravilhosa, tanto pelo que tem de imperfeito como pelo que vai bem.

Você a ama e faz o melhor, e com o passar do tempo ela vai entender isso. Aquela conexão feliz desenvolve dentro dela a sensação de fazer parte de alguma coisa maior, criando uma reserva a que ela pode recorrer quando quiser. A menina não apenas é amada, mas também ama.

A sobrevivência da espécie humana sempre esteve na corda bamba, e ainda assim chegamos aqui. Isso foi possível porque, por milhões de anos, temos passado adiante a chama do amor. Vamos em frente – nossas crianças vão em frente – porque sabemos que vida é mais que as águas rasas do ego.

Por isso os jovens ficam inquietos e fazem bobagens; por isso lutam contra qualquer coisa menos que sagrada como propósito de vida. Eles vão sobreviver e chegar muito mais longe que nós, porque demos a eles tudo que foi possível, um começo no mundo e a determinação de não aceitar nada abaixo de maravilhoso.

E quem poderia querer mais?

Steve Biddulph
Tasmânia, 2017

**NÃO SE CONFORME
COM NADA MENOS QUE
MARAVILHOSO.**

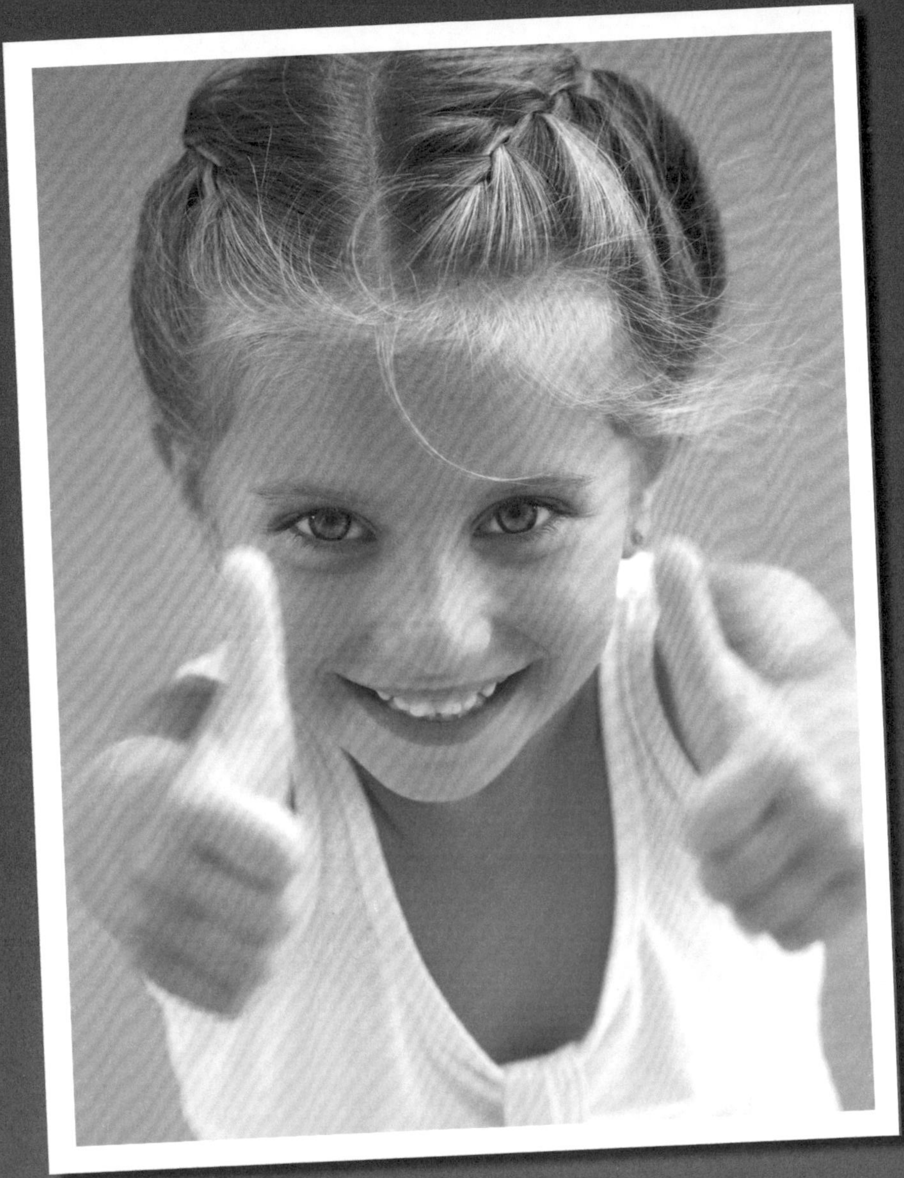

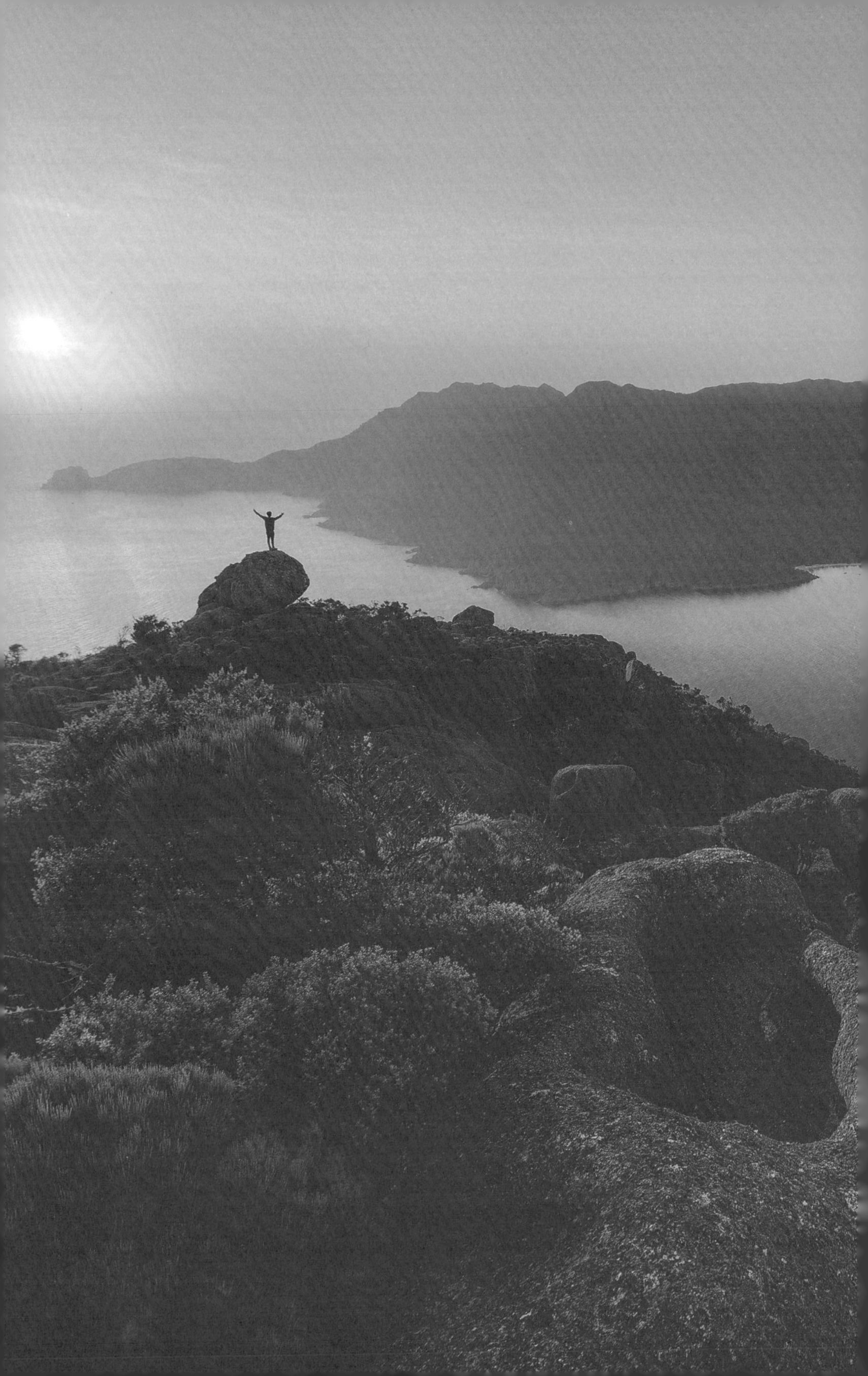

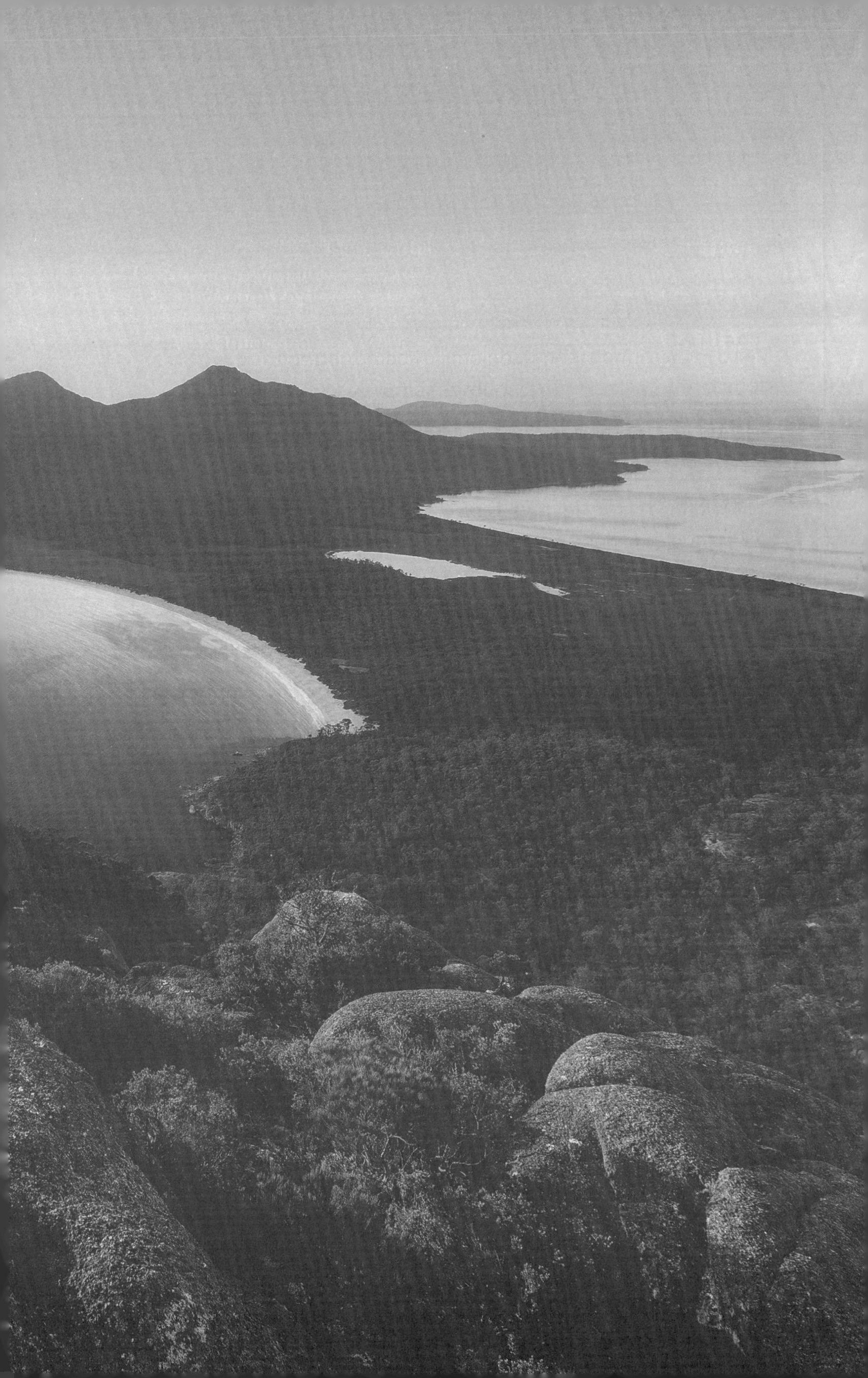

Créditos de imagem

A and N Photography/Shutterstock p122; Africa Studio/Shutterstock p140; Alena Ozerova/Shutterstock p199; Andrey Arkusha/Shutterstock p228; areebarbar/Shutterstock p194; Biddiboo/Getty Images p 44, 136; Blend Images – Dave & Les Jacobs/Getty Images p47; Blend Images/Shutterstock p114; Chev Wilkinson/Getty Images p160; comodigit/Shutterstock p81; Daniel Tran Photography pp234-5; de Visu/Shutterstock p224; Deborah Jaffe/Getty Images p167; Diego Cervo/Shutterstock pp8-9; Elizabeth Clark p176; Evgeny Atamanenko/Shutterstock pp120-1; Fritz Photography Teens/Alamy Stock Photo p89; Galina Barskaya/Shutterstock p179; George Rudy/Shutterstock p94, 182; Ghislain & Marie David de Lossy/Getty Images pp70-1; Gilitukha/Deposit Photos p 117; Gualbero Becerra/Shutterstock p220; Hogan Imaging/Shutterstock pp204-5; holbox/Shutterstock pp24-5; Joana Lopes/Shutterstock pp162-3; Jose Luis Pelaez Inc/Getty Images p188; junpinzon/Shutterstock p168; Kevin Dodge/Getty Images p99; Lucky Business/Shutterstock p159; Magdalena Frackowiack p150; Marco Govel/Deposit Photos p148; Mariia Masich/Shutterstock p34; Mat Hayward/Shutterstock pp214-5; Minnikova Mariia/Shutterstock p119; Monkey Business Images/Shutterstock p31, 82; Monkey Business/Deposit Photos p72, 92-3, 138-9; Narikan/Shutterstock p68; Nick David/Getty Images p41; oksun70/Deposit Photos p57; Paul Bradbury/Getty Images p164; pikselstock/Shutterstock pp186-7; Plainpicture/fstop/Antenna p230; Pollar SD/Shutterstock p117; PopTika/Shutterstock p216; Rachel Weill/Getty Images p175; racorn/Shutterstock p103; Rawpixel.com/Shutterstock pp12-3; Skip Nall/Getty Images p125; SolStock/Getty Images p63; spass/Shutterstock p75; SpeedKingz/Shutterstock p85; Steve Biddulph p7; Purcell Pictures, Inc/Alamy Stock Photos p63; StockLite/Shutterstock pp42–3; Syda Productions/Shutterstock p211; Taras Malyarevich/Deposit Photos p16; Tatyana Vyc/Shutterstock p23, 50, 233; Tetra Images/Getty Images p4; Tim Hale Photography/Getty Images p36; Tyler Olson/Shutterstock p37; University of Western Australia p107; vlavetal/Shutterstock p26; Wavebreakmedia/Deposit Photos p86; Yuganov Konstantin/Shutterstock p197.

Agradecimentos

Este livro é o resultado da minha vida e do meu trabalho. Nem a vida nem o trabalho seriam possíveis sem a ajuda de Shaaron Biddulph, parceira há 40 anos. Shaaron traz inteligência e compreensão para a energia e as boas intenções que tenho. Ela me mostrou como viver para os outros.

A diretora editorial Carolyn Thorne contribuiu com muitas informações e incentivo, enquanto Kathy Dyke cuidava dos detalhes do texto. Kate Elton, diretora executiva, recebeu com entusiasmo a ideia de um livro interativo, e a partir de então tudo fluiu. Projetistas e fotógrafos completaram o trabalho. Bruce Robinson, Elizabeth Clark e Kim McCabe, colegas de outros países, acrescentaram o que não pude oferecer.

Ariana Biddulph colaborou nas pesquisas, enquanto Vanessa Warren e Ramona Biddulph ofereceram ideias e inspiração. Os muitos papais, mamães, jovens e meninas que conheci como terapeuta e educador me transmitiram o ardente senso de propósito que me faz seguir adiante.

Quando eu completava o livro, Christine Howard, minha única irmã, não resistiu ao longo tempo de sofrimentos causados pela esclerose múltipla. Ela foi a minha primeira amiga e uma irmã maravilhosa, divertida e irreverente, atenciosa e interessada, como se não tivesse problemas.

Conheça também outros livros da FUNDAMENTO

CRIANDO MENINAS
Dr. Steve Biddulph

Vivemos e criamos nossas filhas em uma sociedade onde o culto pelo corpo e pela beleza está fortemente presente. Evitar comparações é impossível e a angústia de não se sentir "boa o suficiente" aflige meninas de todas as idades. A partir daí surgem problemas emocionais e físicos, como a depressão e os distúrbios alimentares. Para agravar, existem outras áreas de risco como o *bullying*, a mudança hormonal, a pressão para o sexo, o consumo de álcool e o uso de drogas. Para os pais, lidar com essas questões é desgastante, confuso e complicado.

Editora FUNDAMENTO
www.editorafundamento.com.br

Conheça também outros livros da FUNDAMENTO

CRIANDO MENINOS
Dr. Steve Biddulph

Quem tem meninos hoje está preocupado. Toda hora eles enfrentam problemas. Os pais gostariam muito de entendê-los e de ajudá-los a serem amáveis, competentes e felizes. O livro discute de forma clara, leve e emocionante as questões mais importantes sobre o desenvolvimento de um homem, do nascimento à fase adulta. Para mãe e pais de verdade.

Editora FUNDAMENTO
www.editorafundamento.com.br